JN143644

100万回の
殺害予告を受けた
弁護士が教える危機管理

そのツイート炎上します!

KANZEN

１００万回の殺害予告を受けた
弁護士が教える危機管理

そのツイート炎上します！

はじめに

私は弁護士として、ネット上の法的問題をよく取り扱っています。専門家としてテレビでコメントする機会をいただくこともあります。弁護士として一般的にみなさんが想像されるような業務も数多く担当していますが、中でもネット問題に特に熱心に取り組んでいます。それは、私自身が過去にインターネット上で誹謗中傷や殺害予告を受けた経験があるからです。

私に対する攻撃は2012年にネット上で誹謗中傷されていた少年の弁護を受けたことに端を発します。

当時、掲示板「2ちゃんねる」は削除請求の依頼をすべてネット上で公開していました。つまり、中傷を受けている人が自分の被害を訴えて記事の削除を求めるとそれがまた心無い者の目に止まるということです。

その結果どうなるか。削除されるどころか、さらに心無い記事が拡散される事態になりました。

私はその少年の代理人として削除依頼を掲示板に書き込みました。当時、インターネット上の誹謗中傷などによる事件を担当する弁護士はあまり多くいませんでした。ですから、私の行動は目立ったのでしょう。

掲示板が匿名で書き込めることを盾にして、心無い悪口や、人格を否定するようなことを繰り返し書き込む悪質な人間がいました。

彼らは特定の人間を攻撃することを常習的に行っていました。

当時はスマートフォンの普及時期と重なっていたので、インターネットがぐっと身近になり、ネット上の犯罪や誹謗中傷などが話題になった時期でもあります。

私は仕事という枠を超えこの問題に熱心に取り組みました。そして、炎上問題に向き合うことを決意します。そのことが、惨事を招くとも知らずに。

当時の私は34歳です。まだ弁護士としては駆け出しですし、若さと気力に溢れていましたから、自分のライフワークともいえる仕事に出会えたという感慨さえありました。誹謗中傷の被害者とも一生懸命に向き合ったつもりです。

あることをきっかけに、ネット住民の中で、私の名前が次第に取りざたされるようになりました。

少年への掲示板上の複数の誹謗中傷に対し、削除依頼とともに発信者の情報開示請求を行ったことがどうも癇に障ったようです。弁護士という立場で法を振りかざし、自分たちの居場所を一方的に奪おうとする悪魔に見えたのかもしれません。私がさぞかし憎く思えたことでしょう。

すると、私のツイッターのアカウントに粘着するものが現れました。アカウントはすぐに非公開にしたものの、そこに書かれていた情報やフォロワーなどから類推して、適当なネガティブワードの投稿が始まりました。

たとえば、グーグルなどのサーチエンジンで検索すると、同時によく検索されるワードが出てきます。私の名前とネガティブワードを並列した記事を投稿することで、もし一般の方が私の名前をグーグルなどで検索すると、そのネガティブワードがすぐに出てくるのです。これはサジェスト汚染といわれるもので、現在までも続く嫌がらせの一つです。

同時に私に対する罵詈雑言も掲示板に多く投稿されるようになりました。今度は私が自ら自分に対する発言の削除依頼と発信者の情報開示請求を行ったのです。

裁判所で仮処分申請を行ったその結果、私は大勢の悪意を一身に受けることになりました。まず私に敵意を向けたのは、掲示板に熱心に書き込んでいたネット住民です。彼らは自分自身の居場所を荒らそうとする私を敵とみなしたのです。

私はその展開に驚き、元来小心者の私は日中も不安に苛まれ、睡眠はアルコールに頼るようになりました。いわゆる私の個人名が晒され「炎上」してからわずか数週間のことでした。


その3ヶ月後のこと。

想像していないことが起きました。私の殺害予告が書かれたのです。「唐澤貴洋を殺す」という投稿の存在に気がついた私は、すぐさま警察にも相談しました。投稿の主は高校生でした。高校生は面白半分で書き込んだようですが、私は怒りを覚えるよりも先に、心の底から震えあがりました。見知らぬ人から殺すと予告される恐怖をみなさんは経験をされたことがあるでしょうか。その日から私への無数の殺害予告が始まりました。

ある時は事務所への爆破予告がありました。その時はテレビクルーが撮影に来ましたが、もちろん実際に爆弾が爆発することもなく、テレビ局のクルーは緊張感のない顔で帰って行きました。おそらく、爆破などされない単なる脅しであることもうすうすわかっていたのでしょう。

掲示板では私に対する誹謗中傷は当たり前となっていました。殺害予告も頻繁に行われるようになります。本当に殺したいわけではなく、「殺す」という予告を書き込むことがブームのようになっていったのです。

殺害予告は日夜繰り返されました。その数はなんと100万回以上もあったといいます。

そして、私についたあだ名が「炎上弁護士」でした。

「炎上」とはなんでしょうか。

インターネット上の炎上とは、ひとことで言えば、「インターネットユーザーが行った投稿が集まった様子」を表します。

多くの投稿が集まる、その現象が「炎上」と表現されるのです。

実際には「炎上」という言葉は、ネガティブな意味として用いられることが多いでしょう。「炎上芸人」「炎上作家」「炎上弁護士」といった言葉がどんな文脈で使われるか想像していただければおわかりいただけると思います。

投稿とは何のためにするのでしょうか。

文字、画像、音声を利用してわざわざ発信する目的。それは他のインターネットユーザーに言いたいことを伝えるための行為です。誰にも伝わることを求めていないのであれば、ワードにテキストをただ打ち込み、パソコンに保存すればいいだけですよね。つまり、投稿とは自分から他者に向けたひとつのコミュニケーション行為なのです。

また、自分に対する他人の評価を、より自分が思っている自分に近づけるために、自分に関する情報をインターネット上に投稿する人もいます。

他者と自分が全く同一の存在であれば、何かを伝える必要はありません。しかし、この社会に自分と同一の他者は存在しません。

人が何かを伝えるという営みは、自分に対する他人の理解を深めることを目的とした行為と言えます。

投稿が「言いたいことを伝えるための行為」だとしたら、炎上とはコミュニケーションの集合体ということになります。

そもそも、人が「誰かに何かを伝えたい」と思うのはどういう状態でしょうか。

人は何かの事象が起こったときに、自分の頭の中で1認識して、2理解して、3感情が発生します。

その際、人それぞれが持っている倫理観・思想・価値観に基づき、自分の中に事象を取り込みます。その後、感情が発生することもあります。そして、他者に自分の感じ方や考え方、「その事象についてどう思ったのか」を伝えようとします。

この場合の感情とは、怒り、喜び、悲しみ、妬み、憂い、孤独感などです。

インターネット上で事象が発生
（わかりやすい表現としては「ネタの投下」）

▼

人が認識、倫理観、
価値観、論理的考え方、
思想に基づく理解

▼

人の感情の変化

▼

事象に対する評価

▼

評価の伝達としての
インターネット上での投稿

▼

ネタの投下…

炎上とはそれらの感情が大きく集まった状態を指します。

このプロセスは決して単発的なものではなく、ネタとしての情報が投下されることが続く限り、永遠に連鎖を続けます。

繰り返しになりますが、炎上とは単発的な投稿のことではなく、多数の投稿がなされることを指します。

ここで大事なのは「多数の投稿」という表現を使ったことです。『ネット炎上の研究』(山口真一著)によると、「インターネットで炎上に参加し投稿するのは0・5%しかいない」という研究が発表されています。多数の投稿はなされているが、マジョリティが参加しているわけではありません。

本書では炎上のメカニズムから、炎上が起こった事例をもとにして、なぜその炎上が起こったのかを解説、さらに炎上を避ける心がけをご紹介したいと思います。

次章では、日本や海外で起こった炎上の現象について、解説しましょう。

炎上百景

悪ふざけ

悪ふざけがネット上に流出して店もアルバイトも炎上

厨房内で不衛生な動画や写真を投稿して拡散、炎上。店の業績は大きく下がった。その結果、当該店員に対して損害賠償請求も

東京都多摩市のそば屋でアルバイト店員が「洗浄機で洗われてきれいになっちゃった」というコメントをつけて、厨房の備品を使って仲間内でふざけて撮影した画像をツイッターに投稿したところ、あっという間に拡散。「不衛生」などのクレームの電話が相次ぎ、もともと店の業績が良くなかったこともあり、その後破産に至った。店はアルバイトに対し1385万円の損害賠償請求をした。

この事件を端緒に、世間の目はアルバイトによる「バイトテロ」に目を光らせるようになった。だが、その後もアルバイトによる不適切投稿は相次いだ。

記憶に新しいところでは回転寿司大手の「くら寿司」で、厨房で制服を着た男性が、魚の切り身を包丁でさばいて、「これは捨てます」と言いながらゴミ箱に投げ入れたあと、拾い上げてまな板の上に置く動画を投稿。くら寿司もその事実を把握し事態の収拾に動いたが、上場会社を舞台にしたバイトテロに世間は注目した。どちらもアルバイト店員の身分はネット上で特定され、個人攻撃が始まったことも注意したい。

くら寿司運営会社は2019年には店売上高4カ月連続前年割れを記録。本件の影響だけではないだろうが、イメージダウンは避けられなかったということだろう。

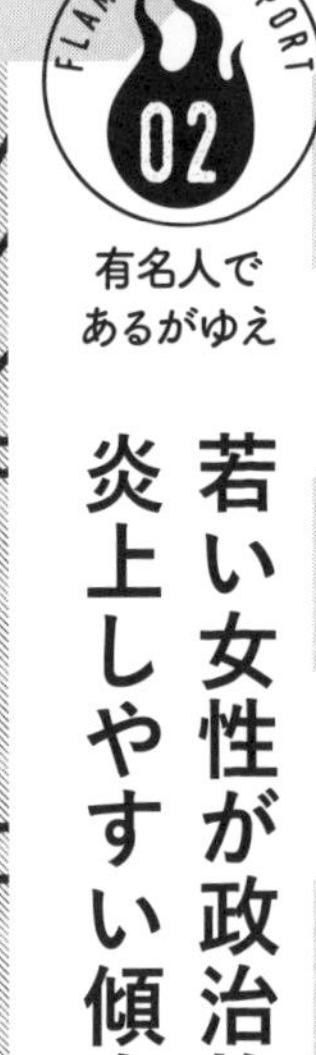

若い女性が政治的発言をすると炎上しやすい傾向にある

ローラさんが政治的発言をしたら袋叩きに。若い女性や芸人が政治的発言をすると反論が必ずくる

もともとおバカキャラで知られていたタレントのローラさんは、現在アメリカに拠点を移している。日本ではCMやインスタグラムでの活動が主だが、若者に対する彼女の影響力はとても大きい。

彼女が昨年12月に辺野古の基地問題について発言をしたところ、世間からの大バッシングを浴びた。日本には芸能人が政治的発言をすることを良しとしない風潮がある。中でも大きい意見は、タレントがどちらかに肩入れすると、その反対派の支持を失うというものだ。CMなどの生命線とするタレントにとってそのリスクは大きいようだ。

彼女がインスタグラムで辺野古移設反対を表明すると、あっという間に袋叩きにあった。中でも若い女性が声をあげたことに対して、賞賛よりも、「勉強不足だ」「ハリウッドセレブが政治的発言をすることにあこがれただけ」という否定的な声が相次いだ。

同時に右寄りの著名人からも名指しで非難を開始。インフルエンサーの反応に呼応するかのように、ローラさんのインスタグラムには苦情コメントが殺到した。

その投稿は削除したものの、わけもわからないのに政治発言に首を突っ込みたがるというレッテルを貼られることになり、ますます意見を言う者が減った。

言論の自由が認められている以上、論理的な戦いをすべきであり、勉強不足だと単に責めるだけでは何の意味もない。ローラさんのように自分の意見を自由に言える社会でなければならない。

ZOZOの前澤友作社長がツイッターで失言→株価下落

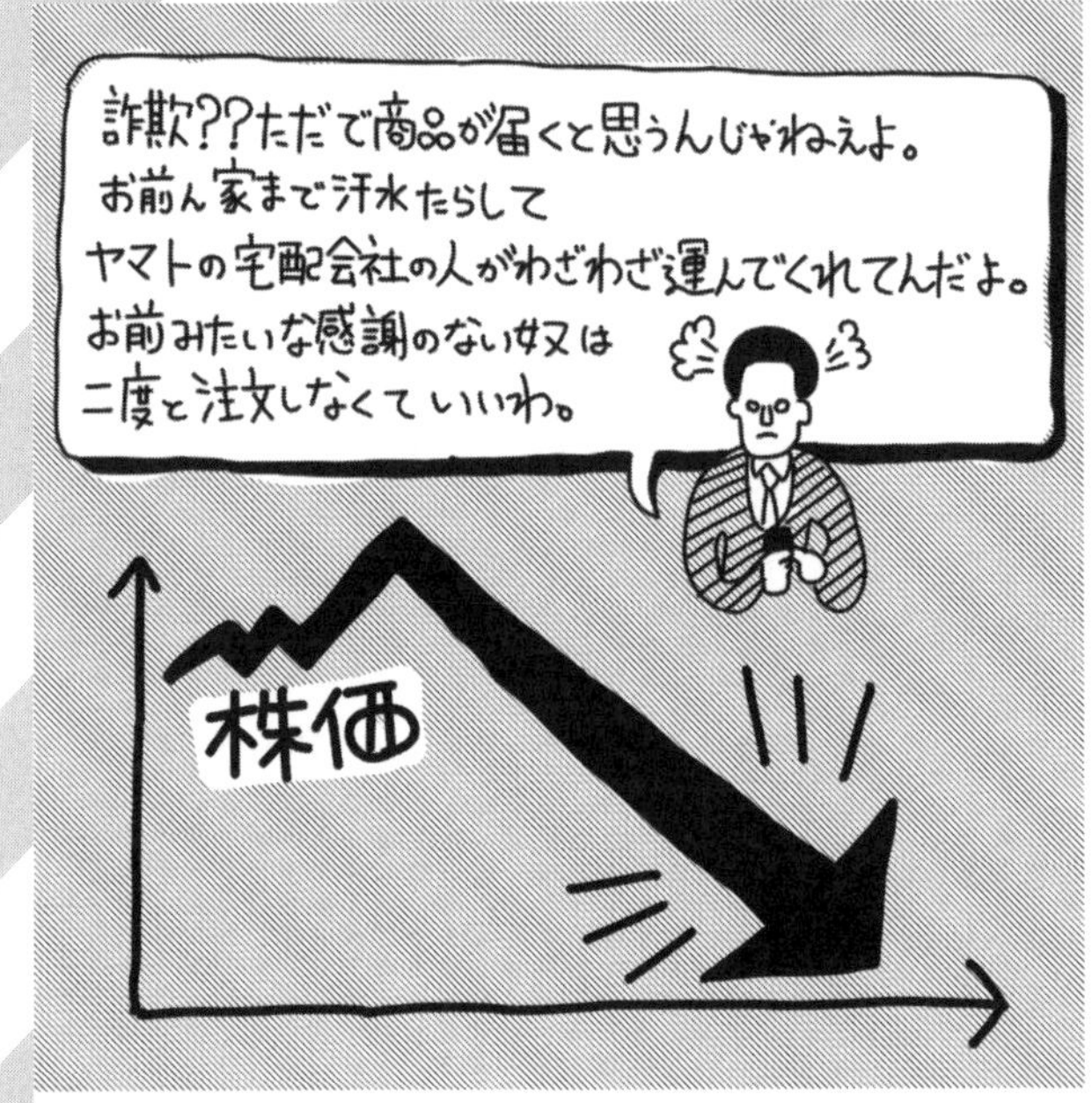

トップの軽率な発言でツイッターが炎上。株価は急落して企業はその対策に追われる

「月に行く」と宣言したり、有名女優と浮名を流したり、個人の納税額が70億円だと公表したり、ツイッターのフォロワーに1億円をプレゼントしたりと話題を提供し続けたカリスマ経営者といえば「ZOZOTOWN」を運営するZOZOの前澤友作社長だ。最近では服の原価を公表して炎上が起こり、最終的に株価が低下するなどをツイッターでの話題作りにことかかない。

前澤社長のツイッターの失敗は2012年10月に遡る。送料と手数料がかかることに対して不満のツイートをした顧客に対して、「二度と注文をしなくていい」と発言したのだ。それも、前澤社長宛てのリプライではなく、本人がエゴサーチして見つけたという経緯もあって、前澤社長のツイッターは炎上した。

前澤氏に対する擁護意見もあったが、企業の社長という立場にある人間の感情的かつ軽率な発言に対して株主はもちろん現場からも非難の声が相次いだ。

その後、この問題の余波からか、11月からはそれまで1万円以下の買い物の際にかかっていた送料を無料にすると発表。顧客離れ対策に必死となった。

近年も話題を振りまき続けた前澤社長だが、2019年2月にツイッター休止を宣言したところ、その直後に株価が上昇した。企業のトップとしては、情報発信をするときに、PR会社なりに任せるなど慎重な対応が求められる。

東名高速事件の犯人の親と勘違いされた建設会社に威力業務妨害

デマ情報を鵜呑みにし正義感にかられたネット住民が電凸。迷惑電話をかけ、会社の機能を麻痺させ業務に支障を与えた

神奈川県の東名高速道路で2017年6月、ワゴン車が大型トラックに追突され夫婦が死亡した。発端となったのは高速道路のパーキングエリアでのささいなトラブルで、それに激昂した男性は、あおり運転を繰り返し最終的に高速道路上で夫婦を車外に出ざるをえない状況に追い込んだ。そこにトラックが追突し、夫婦は死亡した。

センセーショナルな事件ゆえ、このニュースは大体的に報じられ、あおり運転が法規制される大きな端緒となったが、同時にとある建設会社が加害者の実家であるとのデマがネット上を駆け巡った。「容疑者の勤務先」であり「実父」が経営するとネット上で拡散された建設会社には、中傷や嫌がらせの電話が殺到した。

もともとはネット上の一つのデマだったが、やがてまとめサイトに掲載されると情報が爆発的に拡散。会社には嫌がらせの電話が殺到し、会社の機能は完全に麻痺した。

実害を被った建設会社の社長はテレビのインタビューで「どれだけ否定しても罵声を浴びせてくる」とその恐怖を語っている。

この件で建設会社社長は名誉毀損で告訴状を提出。書き込みをした人物は特定され、11人が書類送検されたが、最終的に不起訴とされた。デマを流した者が罰せられなければ、デマを流す人間があふれかえることになってしまう危険がある。

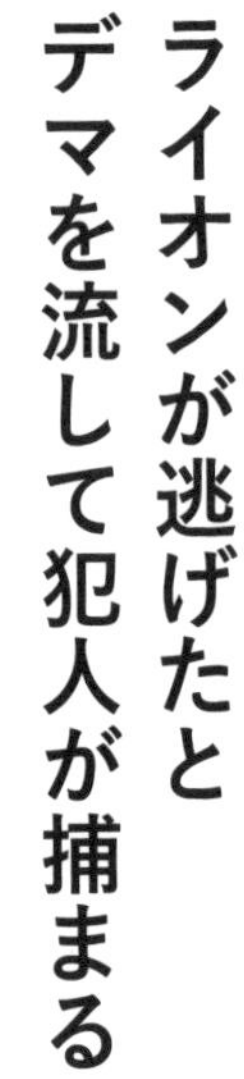

ライオンが逃げたと デマを流して犯人が捕まる

災害時の不安な精神状態ゆえ思わずリツート。だがその情報がデマである可能性も

2016年4月14日に発生した熊本地震の直後に「熊本の動物園からライオンが逃げた」というデマをツイッターに投稿したとして20代の会社員の男が逮捕された。「地震のせいでうちの近くの動物園からライオンが放たれた」という文とともに、コンクリート舗装された市街地を歩くライオンの写真が投稿されると、またたくまにリツイートされ、デマは一気に拡散した。同時に熊本市動植物園には問い合わせの電話が相次いだ。

このケースではネットで拾った画像に適当なキャプションをつけて投稿。犯行の理由について「悪ふざけだった」と罪を認めたという。

東日本大震災の当時も、被災地を荒しまわる外国人窃盗集団などの情報や性犯罪の目撃談などが駆け巡ったが、実際に確認されたという報告はない。

また、有名人による善意のリツイートがデマをさらに拡散させることもある。

関東大震災の朝鮮人大虐殺に例を見るように、非常時におけるデマは拡散しやすいので注意が必要だ。

災害時にデマを流し逮捕されるのは、熊本の事件が初めてであった。

広告の表現、
主に男女に対する
ステレオタイプな
描き方

牛乳石鹸の広告で家庭を顧みない父親を描き炎上

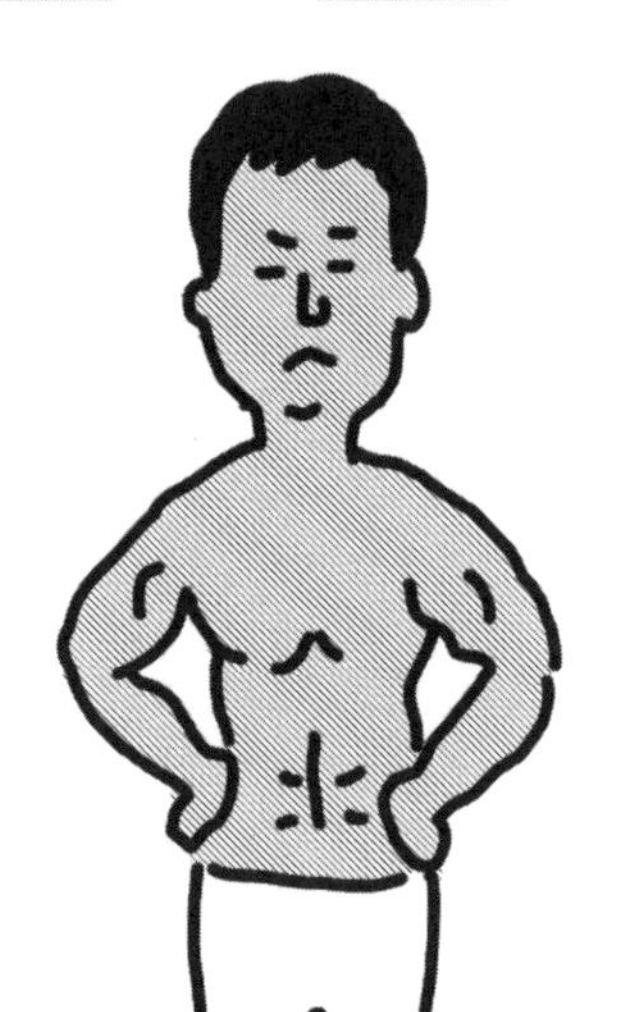

家庭を顧みない古き良き男性像、家庭を守る女性像。そのステレオタイプな価値観が消費者の怒りを増幅させる

かつてはステレオタイプな男女像があった。男は夜遅くまで家庭を顧みず働くのがいいとされ、女は子供を産んで家事をしっかりこなし育児に専念するものだと。

現在、炎上するCMや広告の問題でよくあるのは、その男女像に起因するものだ。広告を作る現場にいる人間、企業でその広告にゴーを出す人間が旧態依然としているとしか思えない。だから、問題の原因がどこにあるか、制作段階で問題であることが議論にすらなっていない可能性もある。

炎上する理由は様々だが、すでに時代遅れの「男らしさ」「女らしさ」といった価値観の押し付けは大きな原因となる。

2017年の牛乳石鹸のCMは、仕事に邁進するお父さんが、息子の誕生日を忘れて会社の同僚と酒を飲み帰宅する。酒宴の最中には何度も妻からの着信は無視している。そして最後に風呂に入ってさっぱりして家族と仲直りするというストーリーだった。これはお父さんは仕事が何より大切という価値観を根底に敷いた物語であり、公開されるとすぐに非難の声が殺到した。

特に石鹸のメインの購入層である女性からの否定的な意見が多く、企業はすぐにCMを削除した。

主に
韓国人・在日に
対するヘイトに
反対するものへの
嫌がらせ

炎上させる人たちの魔法の言葉「反日」

有田芳生議員に対して
右寄りの有名人が批判。
有田議員のツイッター
は常に炎上状態に

国会議員の有田芳生氏はもともとジャーナリストという経歴を持ち、オウム問題でその名を広く世間に知られるようになった。社会弱者に積極的に手を差し伸べる政治スタンスを貫いており、特に「在日特権を許さない市民の会」などの保守と名乗る団体などが行う活動への批判を継続して行っている。

朝鮮学校への学費無償化、外国人参政権の推進などの活動から、「反日」というレッテルを貼られ、ことあるごとに、いわゆる右寄りの著名人からの名指しの非難を受けている。拉致問題にも積極的に関わっているが、それに対しても「拉致問題を政治利用している」などの批判を受けることもある。

このように、一度「反日」と認定されると、その後は人格を否定するようなリプライが殺到する。有田議員は特に「熱狂的」なアンチを多く抱え、発言をするたび粘着質なコメントがつくことでも知られる。

右寄りの著名人は名指しで有田議員を批判し、それに呼応するように、批判コメントの量は増える。

在日韓国人である女性に対しても、脅迫や嫌がらせが相次いで行われ問題になったが、それらはすべて「反日ゆるすまじ」という御旗のもとに行われている。

ヘイトに基づく言論は、到底許されるものではなく、政府としても、ヘイトスピーチを厳罰に処す立法を行うべきという声も多い。

報道姿勢

報道機関と記者に対する憎しみで炎上

一度反日のレッテルを貼られたらなにかがあるたびにすぐに憎しみの対象となる。「朝日嫌い」というジャンルも確立

新聞はどこも同じでない。新聞には各社、明確な主張のスタンスがある。右寄り、左寄りと二つに分けられるほど単純ではないが、朝日新聞と毎日新聞、そして東京新聞はネットでは怨嗟の対象になりやすいようだ。なかでも、朝日新聞は反日の象徴として広く認定されており、「朝日新聞はつぶれるべき」との言論を広く目にする。

過去に吉田証言をもとに事実と異なる記事を書いてしまった背景と、朝日新聞は日本を嫌いであるという過度な盲信によって批判は加熱し、朝日新聞を批判する雑誌も多い。もはや「朝日嫌い」というジャンルが確立されたきらいもある。

安倍政権の支持層と朝日嫌いは重複する面もあるだろう。首相が公の場である衆議院予算委員会で朝日新聞批判を行ったことは記憶に新しい。

東京新聞の望月衣塑子記者に対する批判も最近は加熱している。官邸から記者クラブへの望月記者の排除要請が報じられるに至って、海外からも批判の声が相次いだが、現実的にはネット上で「アンチ望月」がさらに加速している。

安倍政権のやることなすこと批判するジャーナリストというレッテルを貼られた望月記者た彼女の一挙手一投足が一部の者によって批判の対象となっている。しかし、記者としては質問を行うことは当然のことであり、ジャーナリストとしての職務を全うしているという視点も忘れてはならない。

アイドル
がらみ

アイドルグループのずさんな運営で炎上

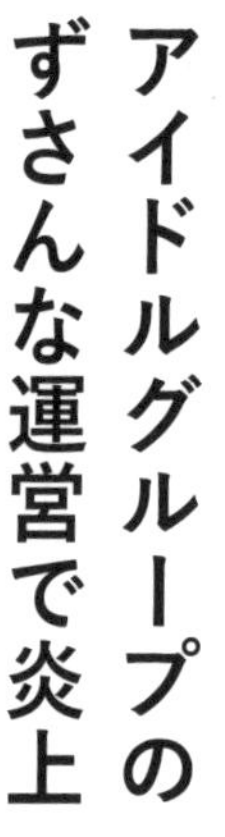

アイドルが暴行される
という衝撃的事件と、
穏当に幕引きをはかろ
うとする運営との対立
が明確に

２０１９年1月9日、アイドルグループNGT48に所属する山口真帆さんがファンに向けた生配信中に衝撃的な告白を行った。彼女が語ったのは、悪質なファンが自宅に押しかけて暴行をされたというショッキングな内容であった。涙ながらにその被害を訴えたものの、途中で配信は中断された。

その後、グループ内部に犯行グループとつながっているメンバーが存在することを彼女が示唆した。

3月には運営会社が第三者委員会の調査に基づく報告を行った。ファンと関係があったメンバーの存在を認めたが、問題の事件に対する関与はないとし、メンバーへの責任追及は行われなかった。

この会見中に、山口さん本人がツイッターで異議を唱える。つながっているメンバーは全員解雇すると約束したこと、謝罪の手紙を書かされたことなどを暴露。運営の会見を根底から否定する内容に世間は騒然とした。

山口さんに対する応援の声は日増しに増え、運営への批判は加熱した。同時に関与が疑われるメンバーのＳＮＳには攻撃的なコメントが並び炎上状態となった。

そして問題が解決しないまま山口さんはグループからの脱退を宣言。運営から批判されたことを明かし、山口さんに対する同情が集まった。

犯罪

モンスタークレーマーに対する義憤、すぐに本人が特定され炎上

店にクレームを入れる様子を撮影。さらにそれをSNSやユーチューブにアップしたことで事件が発覚、逮捕へ

2013年10月。店で購入した商品に瑕疵があったことで、店にクレームを入れに訪れ、さらに店員に土下座を強要した女が逮捕された。女は土下座の様子を携帯電話で撮影しあろうことかツイッターに載せたことで、アカウントが炎上。個人情報が特定されるなどのお約束の流れになったが、その後女は強要罪にあたるとして逮捕された。

2014年にはコンビニの店員の対応にクレームをつけた集団が店長と本社社員を土下座させ、「おわびのしるし」としてタバコなどの商品を恐喝する。さらにその様子を撮影して動画サイトにアップしたことで問題が拡散。

ネット上で本人たちの素性が特定され、情報が拡散していることを知った犯人の一人が警察に出頭し逮捕され、その後、他の者も逮捕された。

どちらのケースも本人たちが自身の不法行為を無自覚にSNSにアップしたことで問題が発覚した事例だが、こういう場合の義憤に駆られたネット民の行動は迅速で、すぐに犯人の個人情報が特定され、本人はもちろん家族の写真などがまとめサイトにアップされた。

差別意識

軽い気持ちのツイートが世界規模でトレンド入り。実況中継もされる

冗談で投稿した人種差別的なツイートが世界規模で話題となり、非難が殺到。勤務先からも解雇される

世界で最も有名な炎上事件として知られるのがジャスティン・サッコという女性をめぐる一連のストーリーだ。この事件の内容は『ルポ　ネットリンチで人生を壊された人たち』（光文社新書）という本に詳しい。それによれば、ある企業の広報部長だった彼女は南アフリカへ向かう飛行機に搭乗する直前、ツイッターに「アフリカでエイズにかからないといいな。というのは冗談、だって私は白人だから」と投稿した。

この投稿が問題になった。彼女としては軽い気持ちだったという。11時間のフライト後に彼女は驚いた。なぜなら彼女のツイッターのリプライ欄は批判のリプライで埋め尽くされていたからだ。

フライト中に起きていることも彼女をびっくりさせた。ツイートの対応に追われたジャスティンの所属会社は彼女に連絡を取ろうと試みたが、飛行中に携帯電話の電源を切っていたこともありコンタクトは取れなかった。会社が彼女が南アフリカにフライト中である旨をリリースしたため、「#hasjustinelandedyet（ジャスティンはもう着陸したか）」というハッシュタグがトレンド入りした。軽い気持ちで投稿した内容が世界を巻き込む大問題となり彼女は会社を解雇された。

政治家の失言

勢いに乗る政治家の失言で潮目が一気に変わった

反安倍の急先鋒であった小池百合子都知事が「排除します」と発言したことであっという間に形勢逆転。議席を伸ばすことができなかった小池百合子都知事率いる希望の党。背水の陣の民進党は両院議員総会で希望の党への合流を決断した。だが合流するにあたって、リベラル派も取り込む形になるのかという報道陣からの質問に対し、小池都知事代表は「排除いたします」と厳しい言葉を用いた。さらに、その直後、質問した記者に向かって軽く笑んだ。

その様子は「緑のタヌキ」というテロップ付きで拡散された。

さらに小池代表の発言が全国ニュースで流されるに至って、それまでの追い風ムードから一転、世論は小池陣営に逆風となった。

特に排除という言葉のもつインパクトは大きかったようで、希望の党の勢いは急激に失速した。結果、議席も伸びず、「あの発言がなければ自民党と競っていただろう」と残念がる者も多かった。

総理大臣の座を狙っていたとも噂され、飛ぶ鳥を落とす勢いだった小池代表は、軽はずみなひとことであっという間に勢いを失い、政治家の失言の痛手の大きさを広く世間に知らしめた。

不謹慎

猿に王女の名前をつけた動物園が炎上

新しく誕生した猿の名前を英国王室のベビーにちなんでつけたところ、「不謹慎だ」と大騒ぎに

2015年大分市の高崎山自然動物園で赤ちゃんサルが誕生した。当時世間はイギリスのロイヤルベイビーブームに沸いていたため、ウィリアム王子とキャサリン妃の間に生まれた王女にあやかって、赤ちゃんサルは「シャーロット」と命名された。

その直後から園には抗議の電話が相次いだ。

「英国の王室に対して失礼だ」という意見と、「他国のサルに皇族の名をつけられたらどんな気持ちがするのか」というものが大半であった。

園の関係者は「冷静に判断すべきだった」と命名取り消しも検討するとしたが、そもそも名前は投票で決められる予定で、もっとも投票数が多かったのが「シャーロット」だった。

動物園は「世間に迷惑をかけた」と謝罪したが、当の英国王室広報が「気にしていません」とアナウンスした。

その結果、問題は一気に収束。怒っていた人たちは、ふりあげた拳を下ろす先がなくなったのか騒動はあっという間に沈静化した。

現在もシャーロットは高崎山で元気に過ごしており、昨年末に行われた動物園の中で人気のサルを決める「選抜総選挙」ではメスザル部門で1番人気に選ばれ、トータル3度目の栄冠に輝いた。

人気ユーチューバー・ラファエル

炎上させて儲けるシステムを作り上げたものの、損をしたファンの怒りを買いユーチューバーが殺害予告を受ける

人気ユーチューバー、ラファエルさんとヒカルさんは、「VALU」という仮想通貨サイトを使い、8月9日に上場した。VALUは購入者が増えると価値が上がる仕組みになっているため、ラファエルさんは自分たちの所有するVALUをツイッター上で宣伝し、VALUの価値を上げることに成功した。だが、これを8月15日に一斉にVALUを売りに出し利益を得たという。

しかし、所有するVALUを一斉に売却してしまったため、価値は一気に下がり購入したファンが損をすることになった。これによってラファエルさんは炎上し、本人が経営しているとされる会社の登記簿を特定され、ラファエルさんの本名と住所ではないかという情報がネット上に出回った。

さらに、イスラムの経典であるコーランをラファエルさんが燃やす動画が合成され、これが原因でラファエルさんは殺害予告を受けた。

2018年には80％超という高利回りの投資として水耕栽培を紹介。これに関しても、みずにゃんさんなど複数のユーチューバーが投資の危険を訴えた。

12月6日にBuzzFeedJapanが「人気ユーチューバー「世界一儲かる投資」「利回り80％超!?」紹介動画が波紋」という記事を公開した。投資を募るには、出資法等の規制がかかるので、適法であるかをチェックする必要がある。

ラファエルさんは、今年、過激な動画を撮影し、炎上させて再生数を稼ぐというスタイルから変わることを宣言しており、その動向が注目される。

五輪エンブレムを盗用したとして炎上

東京五輪の公式ロゴに採用されたデザインに盗用疑惑が。さらに騒動は飛び火して過去の作品にも飛び火した

2020年に開催される東京五輪に向けて、コンペで採用されたデザインに盗用疑惑が発覚し、白紙に戻されたのが2015年9月のこと。

アートディレクターの佐野研二郎氏がデザインしたロゴが、ベルギーのデザイナーが作成したシアターのロゴに酷似しているとしてIOCに使用の差し止めを求める訴訟がベルギーのデザイナーによって起こされた。

国家を挙げての大イベントであり、国民が一致団結しようと盛り上げるオリンピックにケチがつくことはもっとも避けるべき事態であったが騒ぎは大きくなる一方であった。

佐野氏は盗用疑惑の指摘について「全くの事実無根です」と盗用を否定したが、同時期に佐野氏の作った過去の作品が、様々なフリー素材を無断で使っていたことがネット民の調査で続々と指摘された。この一連の流れを受けて、サントリーは佐野氏の作品を使ったキャンペーンを中止した。

佐野氏の作品のアラを探すことでネットは祭り状態になり、家族のプライバシーも脅かされた。

事後対応

後輩への発言で大炎上

後輩への揶揄を投稿してしまい、さらにシステムの不具合ですとわかりにくい言い訳を重ねてさらに大炎上

2016年にHKT48宮脇咲良さんが田島芽瑠さんのファンのツイートにコメントする形で後輩・田島芽瑠さんの体型に関する話題を投稿した。

「ぱんっぱん」というツイートは明らかに、田島さんの体型に対するもので、これに対して多くのファンから苦情が寄せられると同時に、裏アカウントに投稿すべき内容を誤爆してしまったのではと推察された。

これに対し宮脇さんはツイッターの不具合であるとわかりにくい説明をしたことでさらに炎上した。

誤爆といえば、楽天トラベルの公式アカウントが、歌手の柴田淳さんに対して「ブサイク」とリプライを送って大炎上したこともあった。

企業の公式アカウントを運用する人物が自分のアカウントと間違えてか、プライベートな内容を投稿してしまうミスは後を絶たないが、悪質であったり、悪意があるものはすぐに発火して企業の価値を下げる恐れもある。

現在はSNSの運用にガイドラインを設ける企業も増えている。

感情を逆なで

タイミングが悪い場合も炎上する

原爆投下の日に無神経なツイートをしたとしてディズニーの公式アカウントが炎上。謝罪してツイートを削除

ディズニー公式アカウントが、長崎に原爆が投下された8月9日に「なんでもない日おめでとう」とツイートしたことで物議を醸した。

実は「なんでもない日」というフレーズは、もともと「不思議の国のアリス」で用いられており、「誕生日ではない残りの364日を祝おう」という人生の喜びを教えてくれる素晴らしい言葉だ。

ディズニーの公式アカウントはそれまでも作品内で用いられた印象的なフレーズを定期的に投稿しており、このポストもその一つだったのだが、あまりにタイミングが悪かった。

それまでのツイッターでの活動を知っていたディズニーファンからは投稿に理解を示す声もあったが、日本人にとって忘れられないいたましい日に投稿すべき内容でないと非難が殺到した。

その後ディズニー公式ツイッターはツイートを削除し、謝罪文を発表。

どんな素敵な文言で、悪意がなくても、タイミングが悪いと相手の神経を逆撫でして炎上するという例である。ディズニーは日本に根付いて何十年もたっており、ホスピタリティに基づきPRには細心注意を払っているのかと思われていたが、中々難しかったようだ。

不勉強

羊水が腐ると発言した倖田來未

35歳をすぎるとお腹の中の羊水が腐ると発言して女性から猛バッシング。活動自粛に追い込まれる

歌手の倖田來未さんがラジオ番組内で「35歳になるとお母さんの羊水が腐ってくる」と発言したことで大炎上した事件はまだ私たちの記憶に強烈な印象を残している。

当時はまだ高齢出産する人が今と比べると少なかったのもあるが、倖田さんは、そもそも出産に関する知識が足りなかったと言わざるをえないだろう。現在では35歳以上をそう定義するが、1993年までは30歳以上が高齢出産とされていたように、年々高齢出産の割合は増加している。2017年の統計では、3割近くが35歳以上での出産を経験しているように、女性の出産年齢の幅は広がってきているが、女は早く子供を産めといった思い込みに基づく勘違いとして、リスナーおよびそのニュースを知った一般人の感情をいたく刺激した。

世間の騒ぎを受けて、所属会社と本人から謝罪文が発表された。

芸能人が舌禍が原因でインターネット上で炎上して、さらに芸能活動の自粛に追い込まれるという先駆的な事例となり、人々の記憶に残った。

社会的倫理・
虚偽広告

宣伝時に利用した画像と異なるおせちを販売して炎上したクーポン共同購入サイトとカフェ

ハレの日のおせち料理、フタを開けたらゴミのような見た目で、1万円の金額に見合わないあまりにひどい内容に消費者の怒り爆発

クーポン共同購入サイトが流行ったのが2010年代前半。顧客がまとめて購入することで割安になるサービスで、集客に高い効果があり、店としてはたとえ赤字でも宣伝になるということで、世間に広く浸透した。

グルーポンのおせちが騒ぎになったのは2011年のこと。横浜のカフェが「謹製おせち」300セットを定価の半額である10500円で販売したのだが、事前に注文数を500に増やしたことで、厨房が大混乱。大量のおせちを少人数で仕上げなくてはいけない緊急事態で、その結果、元日までに届かない上に、見本のちらしとは似ても似つかぬスカスカのおせちが客の元に届いた。

すぐにネット上に苦情の声が投稿され、販売元への非難が殺到する。おせちという年に一度のめでたい食事にけちがついた消費者の怒りは凄まじいものがあった。

慣れないおせち販売という誘いに安易に乗った経営者の見込みの甘さが招いた事件であったがその代償は大きかった。おせちを販売したカフェは客への返金に応じ、弁済のため3000万円を工面したとも伝えられている。店はその余波を受けて閉店した。

クーポン共同購入サイトの名前で検索すると、サジェストワードで「おせち」がいまだに登場する。企業としておせちの改善は図ったものの、いまだ過去を引きずる結果となっている。

職業意識の低さ

従業員のプロ意識の低さが招いた炎上騒ぎ

都内の一流ホテルの従業員が有名人のデートの様子をつぶやく。空港職員が来店した芸能人のクレジットカード情報を漏らして大問題に

２０１０年、サッカー元日本代表の稲本潤一選手と当時交際中であったモデルの田中美保さんとの食事の様子が、アルバイト従業員によりツイッターに投稿された。その数時間後に2ちゃんねるにスレッドが立ち、アルバイト従業員は投稿をあわてて投稿を削除するも、女性のSNSアカウントや出身高校など個人情報が次々と特定され、掲示板は祭り状態となった。現在でも女性の名前や個人情報はインターネット上で閲覧することができる。

２０１３年には玉木宏さんが成田空港の免税店で買い物をしたところ、店員がクレジットカード伝票の控えをケータイで撮影した同僚のパート社員に転送。そのパート社員が「玉木宏さんが来店しました」とその写真を添えてツイッターにアップしたところ、すぐに非難が殺到した。写真はクレジットカードの下３桁を除く番号とサインが鮮明に写っていた。

すぐに投稿は削除されたが、その余波は大きかった。「有名人がきたことを知らせたかった」とパート社員は反省したというが同僚とともに解雇され、運営会社も玉木さんの所属事務所に謝罪。被害者の玉木さんもカードを変更するなどの負担を余儀なくされた。

アルバイト従業員の職業意識の低さはこれ以降も大きな問題になっている。

炎上による経済的損失・心理的負担

炎上して大変でしたねとよく言われます。実態を知らない人もいますし、面白がっている人もいます。時に笑いながら聞かれることだってあります。

炎上しても気にしなければいいんだよという人もいます。そういう人に限って自分が炎上したときに、狼狽え、普通の精神状態ではいられなくなることでしょう。

炎上をすることで、人は多大な精神的・経済的負担を強いられます。そのことを決して軽視してはいけません。これは、人の権利・自由を失わせるものであり、人権問題であると考えます。

日本では市民によって人権が勝ち取られてきた歴史があります。水平社は部落への差別と戦ってきた結社で、水平社宣言の最後はこう結ばれています。

「人の世に熱あれ、人間に光りあれ。」

ネット上でも人間に光あれと願わずにはいられません。

2章

なぜ炎上するのか

なぜ炎上は頻繁に起こるのか

ここ最近は炎上案件が増えていると感じます。その理由はなんでしょうか。

その理由の一つは、**スマートフォンの普及**でどこでもだれでもどんなときでもすぐにインターネットに接続できるようになったことが挙げられるでしょう。

電車に乗れば誰の手にもスマホが握られている光景が当たり前です。数年前なら、新聞や本を読んでいる人もそれなりにいましたが、現在は圧倒的にスマホばかり。特に電車内で新聞を読む人が少なくなったと感じます。

スマホは便利ですよね。特に近年はインターフェイスが改良されて、どんどん使いやすくなっていますし、見るのにお金がかからないコンテンツも豊富になりました。それゆえスマホを見る時間は年々増えていますし、SNSを開く回数も以前と比べて増えたことでしょう。

スマホとSNSの普及

私たちの暮らしの中に浸透したスマホ、そして**SNSの普及**も炎上件数増加の理由に挙げられるでしょう。

若い人にはインスタグラムやツイッターが圧倒的な人気を誇っています。中年にはいまだフェイスブックが人気のようですが、ミクシーやグリーはSNSとしてかつての勢いはありません。

それらのSNSのなかでも炎上の温床として筆頭に挙げられるのがツイッターでしょう。他のSNSもそれなりに炎上のリスクはあるのですが、ツイッターは特に炎上する可能性を含んでいます。

その理由は**短文で投稿できるというツイッターの仕様**にあります。

ツイッターは短文で簡単に投稿できることが良しとされています。つまり途切れた文章でも投稿として成立する。ブログだったらそうはいかないでしょう。

ブログであるならある程度の文量が必要であるため、文の一部だけを見て誤解されるリスクは少ないでしょう。

しかしツイッターは切り取られた短文であるゆえ、過激で不快な印象をダイレクトに与えやすい。

つまり、**ツイッターのやり取りの中では怒りが生まれやすい**といえます。

ツイッターは炎上の温床になっている

ツイッターをやっている人の意識は、有名人でもないかぎり「鍵アカウント」に近い意識でやっているのが実情かもしれません。たとえパブリックに公開されるプライバシー設定でも、フォロワーしか見てないと勘違いしているのです。しかし、それは大きな間違いで、あなたの**ツイートは世界中の人に見られる**危険性があるということを決して忘れてはいけません。

リツイート数やファボ数も、大きな意味をもっていると考えます。

これはツイートが面白かったり気に入ったときに評価するボタンとしてのイメージが強いかもしれませんが、この結果は受け手の感情を数字という目に見える単位で刺激するのです。

炎上するとその様子が数字で表示される。1回燃えると、どんどん人が集まって注目を集めさらに加速する。妬んでいる人、面白がっている人、愉快犯、ビジネス目的など様々な人が集まってきます。たとえばデマが何万人という大人数にリツイートされたとしても、それの訂正ツイートがその１／１００にも及ばないように、表現の正しさは多数決で決まらないのですが**数字が炎上の度合いの目安となっていく**のです。

常にスマホが手元にあるおかげで、**投稿するまでの時間が短くなったこと**も「燃えやすさ」に一役買っている気がします。推敲をしないで動物的な感覚ですぐに投稿してしまう。スマホの功罪は計り知れません。

炎上の原動力の一つは怒り

炎上を起こす原動力はなんでしょう。

怒りという感情は炎上をきっかけとなる大きなエネルギーの一つといえるでしょう。

テレビを見ていてずっと怒っている人がいます。でも深夜の放送休止中の砂嵐を見ても怒ったりはしないでしょう。つまり、誰かが行動をすることで、人の感情を動かす。その中でも、怒りは大きな炎上を生み出すエネルギーとなります。

たとえば、タレントのあびる優さんがテレビ番組で自分が過去に犯した万引きを面白おかしく告白したときは、抗議が殺到して番組は打ち切りになりました。彼女の発言の真偽はわかりませんが、その店が潰れたという情報が拡散されさらに怒りの火に油を注ぎました。

あびる優さんは謝罪の末、芸能活動を休止することになりました。視聴者の怒りが「結果」を出したのです。

バイトテロという言葉はもはや定着した感さえありますが、アルバイトが仲間内のふざけた動画を投稿して、それが目に触れて炎上するパターンもあります。たとえば食材をゴミ箱に入れたり、食洗機の中に入ってその様子を投稿するといった行為には弁解の余地はありません。その**非常識で不衛生かつ不謹慎な行為が受け手の感情を動かした**のです。

これらはバイトという立場の責任感のなさからくる行動ではあり、若気の至りということもできますが、その行為が招いた結果はあまりに重大で、ときに企業や店の存続を揺るがす場合もあります。

ホテル従業員がタレントのお忍びの様子をツイートしたり、ショップ店員が有名人のクレジットカードの控えをツイートした事件もありました。

これらは**プロ意識の欠落が招いた結果**であるといえます。

バイトテロという新時代のリスクを目の当たりにした企業はそれ以降、従業員のSNS教育が必須の課題となりました。一従業員の悪意のない行動がとんでもない結果を招いた事例を他山の石としたのです。

それでも現在に至るまで、「バイトテロ」は後を絶ちません。

いびつな正義感が起こした炎上

スマイリーキクチさんを執拗に攻撃した人たちは怒りや正義感を原動力としていました。ただし、「その根拠となる情報が間違っていたとしたら」という前提が頭から欠落していたのです。

スマイリーキクチさんを攻撃した人は、足立区の殺人事件の犯人であるというデマを信じてインターネット上で彼の攻撃を始めたようです。あんな凄惨な事件の犯人がまだのうのうと社会で大手を振って生きていることは絶対に許せない。そんな「怒り」に駆られた人々は、彼を侮辱する言葉を事務所の掲示板など人目に触れる場所に投稿し続けました。

その根本にあったのは**悪人の逃げ得を決して許してはいけない**という義憤だったようです。

ただし、その前提となる情報が間違っているという想像はできなかったのでしょうか。事務所や本人は重ねて事実無根であるとの声明を出しましたが、デマを盲信した人はその打ち消しに貸す耳を持ちませんでした。それもすべて**間違った正義感が起こした炎上**と言えるでしょう。

この事件は最終的に19人もの検挙者を出しました。詳しくはこのあとの対談をご覧ください。

炎上を焚きつける外野の存在

ネットへの書き込みは匿名性が高いものです。ただし、完全な匿名とは少し違います。それを過信している方も多いようで、誹謗中傷を書き込んで実際に検挙される人が後を絶ちません。

匿名性の高い掲示板で、炎上を加速させるエッセンスの一つとして、**炎上を面白がる外野の存在**が欠かせません。

私の例を見てもわかるように、一旦炎上すると、それを燃やし続けるために、次々と燃料が投下される必要があります。

燃料とはなんでしょう。私の場合は私自身の盗撮写真であったり、事務所へのいたずらであったり、殺害予告であったりします。それらの材料（燃料）を投下すると、そのコミュニティでは英雄になれます。外野はそれを賞賛して、それと同時にあらたなる次の刺激を欲します。

その結果、私に対する攻撃は次第にエスカレートしました。

ついには実家近くにあった家族の墓地に立っていた墓石に白いペンキを塗られました。さらに「貴洋」と書かれた写真がアップされたときは大きな衝撃と悲しみを覚えました。

基本的にこれらの**継続的な炎上はいじめの構造と同じ**です。いちど悪意を持たれたらずっと目をつけられる。学校のいじめがなかなか終わらないのと一緒です。

では、どうしたらいじめは終わるのか。いじめるほうが自発的にいじめをやめる理由は、飽きる以外ありません。学校でのいじめのターゲットが次々と移っていくのと同じで、**対象は誰でもいい**のです。私の場合もたまたまその対象に選ばれてしまったのです。

タイミングといえば、「不謹慎」というワードも大事な鍵となります。

たとえば、地震などの天災のあとは必ず騒ぎがおこります。タレントがなにを投稿しても不謹慎だと叩かれることもあります。

これは、被災者よりも当事者以外が怒っていることが多いのが印象的です。こうあるべきだという自分の規範から外れた他人の行為を正義感や怒りに基づき糾弾するのです。

ルールやマナーと妬み

ルールやマナーに対する話題も炎上を起こしやすいものです。

たとえばあるモデルがアーティストのライブに行ったところ、アーティストの目の前で見える最前列という特等席にもかかわらず、自分たちのインスタグラムに載せる動画撮影に集中しすぎてステージに背を向け、怒ったアーティストがタオルを投げつけたという出来事がありました。

この件はまずアーティストの気分が害したタレントの行為への批判から始まりました。同時に、ライブ中のアーティストへの**リスペクトが欠けているといったマナー違反も炎上の材料**となります。いい思いをしている有名人は叩いてもいいと思っているのか、積極的に炎上させられる傾向があります。

「自分よりもいい思いをしている」という妬みは炎上のもうひとつのキーワードです。ベビーカー問題も根っこは同じかもしれません。

満員電車で辛い思いをしているのに、広いスペースを使いやがってという気持ちがどこかにあるからでしょう。自分が狭い思いをしているのだから、みんながこの苦痛を同じように甘受すべきであると。

この世の中の**不寛容さが炎上を起こしている**とも言えます。

炎上をマーケティング

なにを言っても炎上をする人がいます。逆張りの意見をいうことで人の目を引くという狙いもあるのかもしれません。

分析の上での意見であれば、まったく逆張りの意見をぶつけて炎上してもあとをひきません。その二つを議論にすればいいからです。逆に言えば、議論の余地があれば逆張りもできるということです。**互いに議論できる余地を想像させればいい**のです。

たとえば作家の百田尚樹さんはよく炎上しますが、かならず一方の期待に応える発言をします。もちろんそのあと大きな議論になります。これは問題に注目を集めるための戦法ともいえるかもしれません。

炎上と名前がつくとあまりいいイメージがないかもしれませんが、**炎上することは、大**

きな注目を集める効果があります。実際に、常に炎上しているイメージが強いキングコング西野さんや堀江貴文さんの本はとてもよく売れています。

一般的な見解と異なる意見を表明すると、大きな反発も予想されるけれど、その対立がまた炎上を加速させて本が話題になる。

これは立派なマーケティングであるといえます。

対局の思想があるものはかならず炎上すると言っても過言ではないでしょう。特に政治は熱くなりがちです。

反日という言葉は万能です。ネットに張り付いている層とネトウヨの親和性が高いのも特徴で、反日のレッテルが貼られた人々を探し出しては糾弾を続けます。糾弾を行う人は日本のためという大義名分があると信じています。

ジェンダーというくくりがすべてかはわかりませんが、「**目立つ女性**」**に対する反発も特に大きい**と感じます。女性であるという要素が、潜在意識の中で批判の対象となる不条理も存在しています。

かつて台湾籍を有し、政党党首を歴任した蓮舫議員などに対しては、常に批判的な目を向ける人がいます。二重国籍問題から端を発したバッシングは、もはや政策ではなく人格攻撃を目的としているように見えることもあります。彼女たちは何をしても誹謗中傷の対象となります。

守りたいという純粋な気持ちが炎上を引き起こす

嫌中嫌韓、いわゆるネトウヨになる中年層が多いというニュースが話題になりました。たいていの新聞は左寄りであり、本当のことはネットに書いてあると信じる彼・彼女らは、ネット上のデマサイトを真に受けてしまう人も多いといいます。そして「害虫」から日本を守るため、常に目を皿のようにして敵を探しています。

だからこそ、日本を貶める（と彼らが思っている）行動をとる人間に対して攻撃の手を緩めることはありません。

文筆家の古谷経衡氏は**ネット右翼の条件を「中国・韓国・朝日新聞が嫌いなこと」**と断言しました。「その中の一つでも好きだったら反日である」。色々な意見はあるとは思いますが、この見解は端的である意味で的を射ている気もします。

この中の一つに対して親和性を見出すと、愛国心がない「反日」と判断されかねません。いちど反日認定をされたら、そこからは延々とネトウヨから監視されます。彼らの追求の手が緩むことはありません。

誰か、またはなにかを守りたいと思う純粋な気持ちが敵を作ることがあります。その結果、敵に対する攻撃意識が芽生えるのです。

最近ではアイドルグループNGTの運営の対応が大きな話題になりました。

現役のアイドルがファンに襲われるという事件は大きな衝撃を与えました。ファンとつながっていたメンバーがいたこと。さらにタレントの帰宅時間を暴露したという事実が明らかになるにつれ、事態は悪化の一途を辿りました。

そこに追い打ちをかけたのが運営側の体質でした。真偽はわかりませんが、襲われたメンバーに口裏合わせを依頼したことなどが、メンバー本人の口から語られ大きな騒ぎとなりました。

応援するタレントが生命の危機にさらされたという事実。さらに、事態を沈静化させるために開いたはずの会見が風向きをさらに悪くしたことで、炎上の火勢は衰えることはありませんでした。

さらに燃え上がり、祭りが加速する理由

炎上する対象や、それに対する人間の感情、考え方は様々ですが、炎上が加速するシステムは明白です。

炎上させる側にとって正義感やそれに基づく怒りは重要な動機の一つです。まるで自分の身に災厄が降りかかったかのように他人の言動に憤り、実際に行動に移して炎上させます。その行為に迷いはありません。

炎上は単純化すると次のページのような順番で悪化していきます。

ネタ投下
▼
感情が刺激され
炎上・拡散
▼
情報の蓄積・
さらなる燃料投下
▼
大炎上

炎上する大前提として、見ている人間に大きな反感を抱かせることが大事です。それと同時に、**炎上を加速させる大きな要因のひとつに「まとめサイト」の存在**があります。

まとめサイトとは「テーマに沿って情報を収集・編集したウェブサイト」のことです。そのとき話題になっている出来事を簡単に読めるためのサービスで、ご覧になったことがある方も多いでしょう。

炎上が始まると、まとめサイトにはすぐ情報が編集され、炎上した経緯、経過、現状がひと目でわかるような記事がアップされます。

「どうやら炎上しているな」と思って検索をするとまとめサイトがヒットする。**まとめサイトを見ることで炎上の理由などが端的にわかる**ようになっています。ただ、内容として偏っていたり、虚偽の事実が含まれることも多々あります。

まとめサイトの広告収入で稼ごうという人も多く、このようなサイトは乱立しています。

炎上を悪化させる特定班の存在

一般人が炎上するとかならず現れるのが特定班です。あの問題を起こしたのはどんな人間なのだろうという興味は誰もが抱くものですが、実際にまとめサイトなどを見ると、炎上した人間の個人情報が詳細に書いてあることもあります。

その陰には**個人情報を暴き出す機動力のある特定班**の存在があります。

彼らは炎上した人間のツイッターやインスタグラムのアカウントを過去まで遡り、本人の投稿はもちろん交友関係などから**炎上者の本名、居住地、学校、勤務先、家族構成などを暴き出す**のです。

彼らの存在は炎上が加速する過程において欠かせません。では彼らはなんのためにそこまで頑張るのか。

おそらく、特定のコミュニティでヒーローになるために、誰よりも先にみんなが知りたい情報を集めて目立ちたいという気持ちがあるのでしょう。私が炎上したときとまったく同じ構造がそこにはありました。掲示板などに自分の存在感を求め、そこでの評価や承認に生きる意味を見出す人もいました。

まとめサイトの運営者は、特定班による情報を参考にしながら、サイトを運用していきます。

情報の特定が行われる根本的な原因は特定班の成果を待ち望む人がいることです。非常に醜悪な話ですが、これもまた人間の一面です。

こうして、**まとめサイトに情報が集積されると、やがて個人情報などもどんどん蓄積し**ていきます。

情報をストックして土台ができると、さらに広いところから情報が集まる。このようにして、炎上はどんどん大きく広がっていきます。

炎上させる人のモチベーションとは

そもそも、炎上させる人はどんな気持ちで行動しているのでしょうか。

とにかく人を困らせたいという愉快犯もいるでしょう。ですが、おそらく大抵は、犯罪行為、ルール違反、モラルに反する言動をした人を許せない、という正義感を持って炎上に参加する人もいます。**間違いを正して、正しい世の中にしたいというまっすぐな気持ち**を持った人なのかもしれません。

先ほども書きましたが、自分がルールを守っているから、それを守らない人間が許せないという理屈から行動に移してしまう人は多いようです

同時に、反社会的・モラルに反する行為を行った「非常識な」相手を追い詰めて、**謝罪させたり社会的立場を失わせることへの達成感や興奮**もあるでしょう。カタルシスを感じているのかもしれません。

昨今の炎上をみるにつけ、たしかに炎上の当事者の行為自体に問題がある場合でも、そこまでの社会的制裁やペナルティを受けるべきなのかという疑問を感じることが多々あります。

炎上させることで誰かを追い詰めるのは、法が認めた行為ではなく、いわゆる「私刑」にあたります。

民事裁判、刑事裁判でもなく、一部の人間による人民法廷の様相を呈しています。それ

はまるで、ヨーロッパで中世以降に生じた「魔女狩り」と同様の行為ともいえます。

　現代に魔女がいると誰も思わないでしょうが、当時は「あいつは魔女だ」と断罪する人が現に存在しました。

　法の概念で**デュープロセスオブロー**という考え方があります。日本国憲法第31条には、「何人も、法律の定める手続きによらなければ、その生命若しくは自由を奪はれ、又はその他の刑罰を科せられない」とその考え方が定められています。

　法の定める手続きによらず、炎上によって生活しにくくなるなど、人の自由が失われている現実がそこにはあるのです。

　現代において**炎上が私刑の役割を果たしているという事実**に、私は大変な危機感を覚えています。

SNSの恐ろしさ

巷には「出会い系サイト」の広告があふれています。

たとえば、出会い系サイトやマッチングアプリを通じて「パパ活」が生まれました。パパ活とは、若年層のお金をあまり持っていない女性が、経済的な援助をしてくれる男性（パパ）を探して、実際に金銭的な支援を受ける行為の俗称です。肉体関係のない交際だけでなく、若年層に比べて資金力のある層（主に男性）が金銭を支払い、若年層（主に女性）の性や時間を買うことも行われているようです。

他にも個人が“コモディティ化”され、個人の生活空間や時間が切り売りされて、商材として取り引きされている現実が存在し、そこにはSNSが介在しています。

インターネットは人を幸せにしているのか、改めて考えていく必要があると思います。

ネット犯罪被害に立ちはだかる
「見なければいい理論」

スマイリーキクチ
お笑い芸人

INTERVIEW

唐澤貴洋

スマイリーキクチ
1972年生まれ。東京都足立区出身。笑顔とおだやかな口調ながらするどい切り口のトークが特徴。「ボキャブラ天国」や「ペ・ヨンジュン」のものまねなどで活躍。自身のネット中傷被害の経験から、芸能活動の傍らインターネットに関するマナー講座や講演会などを行っている。

ネットの誹謗中傷が一斉摘発された前代未聞の炎上事例

唐澤　お笑い芸人のスマイリーキクチさんは、ネットの書き込みで殺人事件の実行犯だというといわれのない誹謗・中傷被害を長年に渡って受けてきた被害者です。スマイリーさんのように、ネットの炎上が事件化されたのは、2008年に起こった「スマイリーキクチ中傷被害事件」が、おそらく日本で初めての事例ですよね？

スマイリー　ネットへの書き込みが名誉毀損で複数の犯人が一斉摘発されたのは、前例がなかったと思います。

唐澤　スマイリーさんがネットの書き込みに気づいたのはいつ頃ですか？

スマイリー　1999年でした。所属している太田プロのホームページに掲示板があるんですけど、そこに僕が殺人事件の犯人だという誹謗中傷が書いてあったんですね。当時は携帯電話もiモードがスタートしたばかりでしたから、インターネットっていうのはよっぽど好きな人じゃないとやらない時代。僕自身もパソコンをやってなかったので、初めて見つけたときは「殺人事件の犯人にされてる。なんだろうこれ」と。ショックでもなく、悲しみとか怒りも現実感もなく他人事でしたね。

僕がお笑いライブで殺人事件のことをネタにしたっていう書き込みまであるんですよ。

唐澤　根も葉のないことですもんね。

スマイリー　そうですね。これだけ嘘がいっぱい書いてあると反論する気もない。正直、馬鹿馬鹿しいなって思いました。しかも、僕が殺人事件について話しているのを直接聞きましたって書き込みをしている人が、みんな匿名なんです。自分のことを嫌っている人の顔が見えないっていうのは初めてで。たとえば、学生時代に僕のことを嫌っている人は目の前にいたり、陰で言っててもその人にたどり着いたんですよね。でもネットは全く顔が見えないので、匿名のオーラっていうのが、ものすごく大きかったです。

唐澤　とてつもなく黒いオーラですよね。ネットでの嫌がらせは事務所のホームページからスタートしたんですか？

スマイリー　スタートは2ちゃんねるへの書き込みだったんですよ。

唐澤　じゃあ、2ちゃんねるから飛び火して事務所のホームページに？

スマイリー　はい。2ちゃんねるに「スマイリーキクチを糾弾しよう」って太田プロのURLが貼ってあって、それを見た匿名の集団が、今度は太田プロのホームページに書き込むようになったんです。当時、事務所のホームページには、ライブの情報や感想を書き込める掲示板があったんですね。普段は「ライブ見ました」とか平和な書き込みだけの掲示板なのに、1～2

日で400件くらい「人殺し」ってどーんと書き込まれていて。

唐澤　そのとき、スマイリーさんはどんな対策を取られたんですか？

スマイリー　あまりにもバカバカしいデマなので。様子を見ていたら日に日に書き込みの内容と数がひどくなって、400件の書き込みを見たときに、そこで初めて否定をしたんです。「そういった事実は一切ございません」って。それで僕の中ではもう終わったなと。でもそうじゃなかった。事務所が否定したことで、今度はそれに怒る人が現れて。「事務所側がしっかりとキクチ氏の過去を調べたんですか。虚偽ですよ！」とか。みんな都合のいい勝手な解釈をするんですよ。

唐澤　それがネット炎上の怖いところですよね。彼らには全く根拠がないのに、公式に否定しても信じてくれない。

スマイリー　嫌がらせの書き込みに対して、ファンの方たちが擁護してくれてたんですね。今度はその人たちに「犯罪者擁護だ！」ってちょっかいを出されるようになってしまって。掲示板ではライブの告知もしてたので、ライブに来てくれるお客さんに対しても「被害者と同じ目に合わせてやる」みたいな。その当時、1000件の書き込みがある中、半数以上は殺人予告で埋まってましたね。

唐澤　すごいですね……。

スマイリー　殺害予告についての取り締まりがゆるい時代というか。まだタレントに対しての殺害予告では警察は動いてくれなかった時代ですね。なので、僕もそんなに本気にはしてなかったんです。ただファンの方々に対する嫌がらせが増えてしまったので、事務所の掲示板を1回閉じたんですよね。書き込めないように。

掲示板を閉鎖するも、仕事にまで影響が……

唐澤　嫌がらせはそれで収まったんですか？

スマイリー　事務所の掲示板を閉鎖したら、今度は仕事先へ嫌がらせされるようになったんです。こちらが対策を練ると、相手は何かまた違う嫌がらせをするという……。その当時は缶コーヒーのCMに出させていただいていたんですけど、そのCMメーカーや仲介していた広告代理店さんにも嫌がらせをされました。それで代理店さんから連絡が来て、「殺人犯を起用するなと抗議が来ています」みたいな。

唐澤　事実確認の問い合わせですね。

スマイリー　問い合わせがあって2ちゃんねるを見てみたら、「ここに苦情を入れましょう」って僕が出ているCMのスポンサーや、テレビ局の住所、電話番号、メールアドレスやファックス番号が書いてあったんです。「とにかくスマイリーキクチを社会から抹殺しないといけない」みたいな空気でした。

実際仕事がなくなったりもしました。どんなタレントさんでもスポンサーにクレームが来ることはあるみたいですけど、まあ来るといっても10件くらい。だけど僕の場合、100件とか200件。尋常じゃないんですよ。さらに、嫌がらせをしている相手が見えない。目的はただ僕を潰すだけ。世の中にこれだけ自分のことを憎んでいる人がいるんだ。僕の人生を潰す

のが楽しいと思っている人が世の中にこれだけいるんだと。でも相手の顔が見えないから、怒りの矛先を誰に向けていいのかわからないんです。

本当に怖いのは、自分以外の第三者への被害

唐澤　今でこそまとめサイトとかで炎上が加速していくっていうのはありますけど、その当時被害がそこまで拡大していった理由はあるんでしょうか？

スマイリー　事務所のホームページや2ちゃんねるだけでなく、もうネット上のいろんなところに僕への誹謗中傷が書いてあるんです。たとえば僕と全く関係のない盲導犬のホームページや、大学の掲示板にも2ちゃんねるのURLが貼り付けられていた。それでどんどん加速したんだと思います。

唐澤　嫌がらせがエスカレートして殺害予告までされて、恐怖を感じなかったんですか？

スマイリー　本当に恐怖を感じたのは、警察に捜査してもらえないとわかったときですね。「僕の周りの人たちに危害を加える」みたいな書き込みやスポンサーへの嫌がらせが多くなって、2000年に初めて警察に相談に行ったんです。だけど、警察は相手の身元が特定できないから捜査ができないと言われてしまった。そのときに警察の方が「キクチさんはまだいいほうですよ。女性を乱暴しようとネットで呼びかけて、実際に被害にあった女性もいるんですから」と。それを聞いて初めてネットから起きる犯罪があるんだって知りました。

唐澤　そんなの聞いたら怖いですよね。

スマイリー　「警察も手を焼いているけど、正直なにもできないから防犯には気をつけてください」って言われましたね。当時、自宅で犬を飼っていて、何かあったら嫌だなって防犯カメラもつけてましたね。唐澤さんも防犯に気をつかわれたんじゃないですか？

唐澤　僕の場合はどこに住んでるのかも絶

対知られないように。人知れずひっそりと暮らしていました。3年くらい前に家が特定されてしまって。それ以来、個人情報はあんまり言わないようにしています。

スマイリー　唐澤さんくらいの被害にあうと下手なこと言えないですね。僕は自分に対する嫌がらせは、まあ別にいいやって思えるんですけど、実家や犬とか自分じゃない第三者への被害っていうのは怖いですよね。

ある書籍が火種となり再び炎上

唐澤　1999年から書き込みが始まり、2008年に事件化されるまでかなり期間がありますが、嫌がらせはずっと続いたんですか？

スマイリー　嫌がらせが1番ひどかったのは1999〜2001年くらいまで。1999年に警察に相談しても相手の身元を特定できないと知ってからは、ネットも見ないでなにも反応しないようにしたんです。そしたら書き込みしていた人たちが飽きてきて、嫌がらせは2、3年で落ち着いた。だけど、2005年に元警視庁刑事という人が書いた僕についての書籍が出て、火種に燃料を投下してしまったんです。

唐澤　その書籍がきっかけで炎上が再燃したんですね。

スマイリー　そうなんです。ブログを始めてから、あまりにも酷いコメントは自分で消してたけど、やたら同じ苗字のハンドルネームで誹謗中傷の書き込みがあったんですね。1日4、5件くるので、なんか怪しいなって。それまではハンドルネームって事件の加害者の名前とか、被害者のお名前を騙ったものが多かった。だけど、事件とは全く関係ないこの名前ってなんだろうと。それで書き込みがあったハンドルネームと僕の名前を検索したら、ネットにズラーっと本のことが出てきたんです。

唐澤　元刑事が自分を犯人だと言い切って、本まで出版しちゃってるわけですからね。

スマイリー　もう目の前が真っ暗になりましたよ。最初知ったときは嘘だろうと思いました。ネットが当たり前になってきている時代で、元刑事がこんなデマを書いたら、さすがに話題になるだろうと。アマゾンで本を買って読んでみると、「未解決事件の犯人を俺は知ってる」みたいな確たる証拠も何もないことが書かれていて、正直ネットの書き込みをそのままコピペしたような本だなって思いましたね。

ただページをめくっていくと、あの殺人

事件の犯人の一人はお笑い芸人だってはっきり書いてあった。

唐澤　フェイクニュースに踊らされてるネット民そのものですね。

スマイリー　今までの書き込みはあくまでネットの戯言だったんです。それが元警視庁の刑事という肩書きの人が書いたことで、デマが真実だというお墨付きを与えてしまったんです。

唐澤　元刑事が言うんだから間違いないだろうっていう感じですね。

ネット犯罪被害に立ちはだかる「見なければいい理論」

スマイリー　その件で、2008年に再度警察に相談に行きました。

唐澤　そのときには警察は動いてくれたんですか？

スマイリー　いや、全然でしたね。あの当時は、警察にハイテク犯罪対策センターというのはあったんですけど、電話で相談しても、「ネットっていうのは基本嘘ですから、誰もあなたのこと本気で犯人だとは思ってませんよ」って、あしらわられるだけで終わってしまいました。

唐澤　ネットは便所の落書きと一緒だろうというね。気にするなって言われませんでした？

スマイリー　そう。「こういうのはちょっと時間をおけば落ち着きますから」って。1999年からもう9年続いてるんですけど、どうすればいいですか？　って聞いても、「ちょっと様子見れば落ち着きます」って返ってくるんですよ（笑）。最終的には「キクチさんが見なければいい」って。見ないことが解決策なんですよって。

唐澤　「見なければいい理論」というのもすごいですね。

スマイリー　ただ見なければいいっていうのは相手の理論であって、被害者からしたらたまったもんじゃないですよね。要は刃物を手にして襲ってくる人物に対して、逃げればいいんですよって言うのと同じ。そんな簡単じゃない、目の前にいるんだからって。その頃はもう「実際に僕の彼女に対して何かしてやるぞ」みたいな書き込みもあったので、この状態で放置して家族や周りの人に万が一のことあったとしたら、警察は何をしてくれるんだろうと。

唐澤　だから自分から行動しなくてはと思ったんですね。

スマイリー　これは本当にやばいなって危機感をもったのが、秋葉原の歩行者天国の無差別殺人事件です。あの事件で驚いたのは、まずは書き込みしたことを本気で実行する人がいるんだってこと。そして事件で現場にいた人が血だらけの被害者たちにカメラを向けて写真を撮り、ネットにあげて「すごい瞬間が撮れた」って喜んでるんです。

唐澤　集団心理の怖さを感じますね。

スマイリー　自分の掲示板に誹謗中傷を書いてる人たちと、秋葉原で写真を撮っていた人たちって同じなんだろうなと。当時僕のブログでは誰が一番ひどいことするかって書き込みで争ってて、一方でそれを煽る連中もいたんですよね。「スマイリーキクチやその周りの人たちを殺せば事件になるけど、ネットではヒーローだな」みたいな。

あと、もう一つ許せなかったのが、あの事件の被害者の方を茶化すコメントが結構あったんです。ネットの不思議なところは、僕を犯人だと思い込んでる人物と、本当に犯人を憎んでいる人物、それに事件に憧れている異常な人物。３種類の書き込みが一つのスレッドの中に共存しているんですよ。

唐澤　ネットは匿名だから、悪意も正義感も全てがむき出しですね。

スマイリー　そう。普段こんなこと言ったら絶対に人間性を疑われるようなことも、ネットだと平気で書き込める。被害者に対する冒涜だったり、異常な性癖っていうんですかね。そういう性癖をもつ人間が「俺はこういうことをしたい」と。遊びなのか本気なのかわからないけど、事件の被害者の方を茶化すことに怒りを覚えました。

ネットオタクの刑事との出会いが転機に

唐澤　警察が動いてくれない中で、犯人が逮捕されるに至るまでどんなプロセスがあったんですか？

スマイリー　当時はまずパソコンに詳しい弁護士さんを探すのも大変でした。いざ相談しても「私が2ちゃんねるに電話して誰が書いたか聞いてあげるよ。君は素人だから無理だけど、私は弁護士だから電話一本すれば大丈夫」と。何言ってんだ？　そんなんで誰が書いたか開示してくれるわけないだろって思いましたね（笑）。

それで自分で色々調べていく中で、なにかのホームページに、誹謗中傷でお困りの方は生活安全課に行ってもお悩み相談室なので、ぜひ刑事課に行って刑事告訴してください、って書いてあったんです。警察って総合病院のような場所。目が痛ければ眼科、骨が折れたら整形外科、風邪を引いたら内科みたいな感じで、たとえばDVやストーカーだったら生活安全課、名誉毀損・脅迫だったら刑事課に行かなければいけなかった。だけど僕は間違えてずっと生活安全課に相談に行ってたんです。

ただ、ネットがわからない人にいくら説明しても無駄だと思って、まず警察に電話してネットに詳しい刑事さんが刑事課にいるか聞きました。そしたらちょうどいますよって言われて、すぐにタクシーを飛ばしました。その刑事さんはネットに対してすごく理解のある方で、ご本人も「俺オタクだから」っていうくらい精通してて（笑）。

唐澤　じゃあスマイリーさんの現状をご存知だったんですかね？

スマイリー　知らなかったみたいですが、その刑事さんは僕が犯人とされた殺人事件の捜査にも携わっていて、事件に対して強い思い入れのある方だったんです。初めてお会いしたときに「どうして今まで警察に来なかったの？」みたいなことを聞くから、「相談に行ったら、殺されたら捜査してやる」って言われたって話したら「すみませんでした！」ってずっと頭を下げてくれた。それで警察には憎しみもなにもなくなりました。

その刑事さんが熱心に動いてくださったおかげで、2008年に書き込みをしている犯人たちの逮捕につながりました。

相手の言い訳を全部封じ込めないと

唐澤　2008年は弁護士を探すのも大変だったとおっしゃっていたように、当時はまだネット犯罪への戦い方も確立していないインターネット黎明期ですよね。前例がない中で、どういった戦い方をされたんですか？

スマイリー　摘発した人物の言い訳を全て断ちたいと思いました。そのとき考えたのが、捕まった人が取調べで逃げ道として、嫌がらせした理由に本を使うだろうって。当時はヤフー知恵袋やミクシーに、「本に書いてある犯人はスマイリーキクチです」と載っていたので、「あの本を見てやりました」って言い訳する人がいるなって思ったんです。だから警察が動いた時点で、本の出版元に内容証明を作ってくださいと連絡しました。

唐澤　あの本は明らかにスマイリーさんのことを書いてましたよね？

スマイリー　実は警察が動いてくれる前に、事務所から出版社に抗議の電話をしたことがあったんです。こういう事実はないので否定してくださいって。でも相手方からそんなことをする必要はありませんって突っぱねられました。いざ警察が動き出したら、あっちはネットの書き込みを思いっきり信じてたと思うので、「え、違うの？やばい」ってなったんだと思います。それで出版社から「この本に書かれているのはあなたのことではありません」という内容証明がきたので、万一摘発された人が取調べで本のことを理由にしても言い訳にはならないぞと。弁護士さんにはそこまでしなくも、と言われたけど、とにかく相手の言い訳を全部封じ込めないといけないと。

唐澤　その戦法は素晴らしいと思うんです。名誉毀損で訴えたときには、相手側にスマイリーさんが犯人である真実を立証する責任があります。自分が書いたことが真実であるということを立証させない証拠を、事前に押さえているわけじゃないですか。相手の言い訳を断つというのは、仮に訴訟になったときでも非常に有効な手段だな思います。

スマイリー　相手に対して反論を一切しなかったのも良かったのかもしれません。1999年から2008年まで書き込みに対して否定はしたけど反論はしなかったんです。

唐澤　「燃料投下」をしなかった。

スマイリー　そうです。最初に書き込みを見た時点で、反論して争う価値がない。討論する時間ももったいないなって。そのおかげで必要以上に被害を大きくせずに済んだのだと思います。

唐澤　犯人検挙の報道はかなりセンセーショナルでした。スマイリーさんが芸能人ということもあったと思いますが、新聞でもかなり大きく取り上げられましたよね。

スマイリー　以前、爆笑問題の太田さんが殺害予告で犯人を開示という事例はあったんですけど、複数の犯人を一斉摘発というのはなかったです。

唐澤　何人くらい摘発されたんですか？

スマイリー　19人です。2009年2月5日に新聞で初めて報道されたときは、新

聞朝刊でどーんと大きく取り上げられました。当初は書き込みをしていた犯人たちの実名も報道する予定だったんですけど、全国で前例のない事件だから、やった人物の名前や顔が出たりしたときに、犯人が脅迫されるかもしれないって。

唐澤　負の連鎖ですね。

スマイリー　本来加害者なのに、脅迫によって被害者になってしまったらバランスを崩しちゃうと。警察としては新たな被害者ゼロのまま、犯人を書類送検したいから名前を全部伏せようって判断になったんです。だからこそ新聞では記事を大きく扱おうと。最初手のひらサイズ記事だった予定が、一面丸々使って報道された。そこで初めて警視庁の上層部の方々が、「あれ、ネットでこんなことが起きてたの？」と知ってくれたのもあると思います。

一番怖いのは デマを見抜けない人ではない

唐澤　全国初の事件でしたからね。事件が明るみになった後では、スマイリーさんのブログの書き込みに何か変化がありましたか？

スマイリー　新聞報道が出る前は、僕に対して「死ね死ね」っていう書き込みばかりだったんですけど、報道の翌日、翌々日になると書き込みの内容が「死にたい」に変わったんですよね。誹謗中傷と同じくらい「自分も同じ経験をして死にたいです」と悩みを抱えている方からのメッセージが送られてきました。こんなにたくさんの人たちが苦しんでいる中で、自分がその矢面に立って動いているのだから、万が一にもこの事件の犯人が無罪になったら、この人たちも巻き添えになってしまう。僕の事件が前例になる責任感とプレッシャーも感じていました。

唐澤　あの事件で摘発された19人の中で、スマイリーさんに謝りに来た人はいるんですか？

スマイリー　いませんでしたね。19人中10人は謝罪しますみたいなことを言うので、僕も間に受けちゃったんですけど、「謝罪したい」って言えば罪が軽くなるのを知ってたんだと思います。結局誰も謝罪には来ませんでした。あとは謝罪どころかあいつのせいで捕まったって怒っていた人もいたみたいです。

唐澤　怒りが憎しみに変わるかもしれないという恐怖はありましたか？

スマイリー　それはもちろんありました。刑事さんに「逆恨みもあるから気をつけてね」と言われてたので、警戒しました。刑事さんがこんなに疲れる取調べはないって言うくらい、いくら説明しても理解してもらえないんですって。「だってネットにスマイリーキクチが犯人だって書いてあるじゃないですか！　それに騙された僕は被害者だ」って言うんです。「あんたは被害者じゃない、加害者だ」って言っても、「事件が許せなかったんですよ」と。その結果、「キクチは許せない」って。

唐澤　一度絡まった糸はほどけないんですね。

スマイリー　この10年くらいで思ったのは、本当に怖いのはデマを見抜けない人じゃなくて、デマを認めない人。そういう人って、とにかく自分の正義感を見せつけるために他人を傷つけるんです。みんな正義だと思って他人を攻撃する、もう正義という名の暴力ですよね。しかも集団でやっているので、集団ヒステリー状態になって狂信して突っ走るから。

幸せになることが犯人への一番の仕返し

唐澤　そんな集団の被害にあってしまったとき、逃げたくないって思う反面、心が折れてしまうこともありますよね。スマイリーさんは自分の気持ちとどう向き合っていたんでしょうか？

スマイリー　絶対に仕返ししてやる、と思っていました。ただし、仕返しというのは自分が幸せになること。書き込みをしている人たちが、ネットで僕を誹謗中傷している時間を、僕は楽しみを見つけて自分のプラスになる時間にしようと。とにかく自分が幸せになることが、嫌がらせをした人たちへの一番の仕返しだと考えています。

唐澤　それってすごく前向きな考え方です

ね。ずっとそんな風に思っていたんですか？

スマイリー　最初からですね。相手の顔が見えないんだから、そうするしかなかった。そもそも「人生どうにかなる」くらいの気持ちでいないと、芸人という不安定な仕事はやれないと思うんですよ。

唐澤　売れるかどうかは誰にもわからないですからね。

スマイリー　あと、僕が前向きに考えられたのは、うちのばあちゃんの影響もあると思います。ばあちゃんは戦争や関東大震災を経験しているので「生きる」という言葉に敏感で、「生きてること自体運がいいから、あとは人に迷惑かけなきゃ、好きなように生きる。それが一番の幸せなんだ」って。

唐澤　生きてるだけで幸せ。素敵な考え方ですね。

スマイリー　だから、誹謗中傷を受けたときも「死にたいな」って気持ちにはならなくて、むしろ生きて身の潔癖を証明してやろうっていう思いの方が強かったです。

唐澤　今後、スマイリーさんのような被害者を減らしていくためには、何が大事だと思いますか？

スマイリー　被害者を減らすっていうのは実際難しいんですよね。ただ加害者には誰でもなりうるんです。だから今後はみんながネットをうまく利用できるように、加害者を減らす活動をしていきたいと思っています。ネットのいじめや晒し行為を減らすには、リテラシーとモラルだけでなく、そこに法律を加えた教育が必要なんじゃないかって。僕自身の経験を通して学んだことを役立ててもらって、苦しんでいる人を一人でも救えたらいいなと考えています。

炎上に加担する人

炎上に加担する人はどのような人ですかと聞かれることがあります。炎上によって被害者が生まれることを望んでいる人には寂しい人が多いように私は思います。

炎上の現場にいるとコミュニケーションが活発に行われるため孤独感が薄れていくそうです。そこで過激なことをして、人の注目を得て、称賛をもらおうとする人もいます。

犯罪的行為で一生十字架を背負うかもしれないのに、コミュニケーションに加わっている高揚感が人を狂わせていくのです。

人を傷つけたら、世界には最終的に自分しかいなくなります。そのような世界を望んでいるわけではないでしょう。しかし、孤独が炎上にコミットさせ、さらに孤独になっていくという恐ろしい悪循環がそこには存在します。

孤独は解消できないかもしれません。ただ、どんどん外に出て、空の高さ、青さを体で感じて欲しいと思います。それが生きるということであると私は思っているからです。

3章

まずは炎上しないために

1 表現に気を付ける、想像力をもって投稿することを心がける

炎上とは、人の感情・価値観・人が持っている基準（正義感や倫理観など）に引っかかるときに、起こりうるというお話をしました。

その引っかかりを起こすのは、インターネット上で飛び交う情報や投稿です。となると、投稿する際は「**読んだ人の心をザラッとさせない**」表現をしていく必要があるでしょう。

さらに、注意すべき話題もあります。どのような表現が炎上を起こしたことがあるのか次に列挙します。

貧富の格差
LGBT
性差

女性への性被害
マイノリティへの差別
美醜
他者への迷惑がかかることを想像させること
世代論
倫理観
安全保障問題、労働問題などの政治的イシュー

これらに関わる表現は**受け手が二極化している、あるいはセンシティブなもの**であり、投稿には細心の注意が必要です。

読み手がどう思うかを常に意識する

極論を言ってしまえば、これらの表現をしないことが炎上を避けることにつながるのでしょうが、それでは、表現の自由が保障された社会とは言えません。

表現する側には、表現される側や読み手に対する配慮が求められます。

日本という国において、そして現在の世の中の文脈の中で、言葉のもつ意味に留意することが必要です。つまり、その言葉を相手が受け取ったときに、どのように受け取るのかを、全体の文章の中で、正確に把握して表現していく必要があるのです。表現されたほうが、**それを読んでどんな気持ちになるかゆっくり考えてください。**

さらに、「女性は〜」「貧乏人は〜」「若者は〜」「韓国は〜」「安倍政権は〜」といった表現で一括りにしていくことも問題があります。

若い人の中にも、様々な若者があるでしょう。すべてが均一化された若者など存在しないのです。つまり、そういう発言をすることで必ず反発なり批判が起こることが予想されます。

一括りにした物言いの方が楽ですし、ウケるのはわかりますが、大雑把に一括りせず丁寧に表現することが大切なのです。

2　なぜそう思ったのか理由を書く

大胆な表現といえば、2016年に「保育園落ちた日本死ね」というブログが話題になりました。保育園に入れなかったお母さんが、働くお母さんに厳しい日本の世の中を憂いたこの投稿がきっかけとなり、保育園に入れない待機児童問題が母親の社会復帰を阻んでいることが広く世間に知られるようになりました。

この投稿がなぜここまで話題になったのか。注目されるきっかけとなったのは、その乱暴な言葉遣いではないでしょうか。

世間のお母さんも、もちろん記事の中身に共感する声が聞かれましたが、こういった言い方だからこそ注目され目に止まる投稿になったと考える人が多かったようです。同じことを訴えるために普通のブログを書いたとしても、世間の注目を集めなかったのではないかと。

タイトルは過激ですが、ブログの中では「日本死ね」と表現する理由が語られています。言葉遣いはどうかという議論になりましたが、内容には賛同する声が多かったように記憶しています。

結論を出すに至ったプロセスを明記する

ツイッターは短文投稿です。ツイッターに先ほどのブログのタイトルのみを投稿したらどうでしょう。理由を書かずに、「保育園落ちた日本死ね」と投稿したとします。すると、受け手の印象はかなり変わるのではないでしょうか。

つまり、**結論のみだとどういう論理過程で表現がなされたかわからず批判の対象になりやすい**のです。

人がなんらかの意見を表明する際には、その根底には結論に至った思考のプロセスがあるはずです。これを併せて表現をすることで、他の人の理解を得やすくなっていきます。

結論だけを書くのは簡単です。しかし、自分の投稿について他者の賛同をより得るためには、その結論を支える理由が論理的であるのか、結論を出すにあたって参考にした資料が確かなものであるのかを精査する必要があります。

インターネットでよく陥りがちな情報発信のあり方としては、「他の人たちがそう言っているから」「サーチエンジンの検索結果で上位に表示されるから」という状態を根拠とすることです。

誤った情報は、**どれだけ信頼している人が発信（ツイート）していようが誤った情報**であり、また、いかに多くの人が発信（リツイート）していたとしても、誤った情報であることには変わりはありません。

情報の正確性を常に疑う

検索結果であっても、一定のアルゴリズムに則り検索キーワードに関連性があるウェブサイトの情報を示しただけであり、ウェブサイトの情報が正しいことを保証するものではないということを常に念頭においてください。

一つの例としてまとめサイトを挙げます。

犯罪が起きたときにすぐに更新されるまとめサイトには、「**被疑者に関する情報**」が公開されることがあります。これらのウェブサイトは、アフィリエイト広告やアドセンスを貼って、広告収益を得ることを目的としています。大きな収益を得るためにはＰＶ数を増やす必要があります。

そのためには、被疑者の名前をキーワードに検索エンジンで検索された場合に、検索上位にまとめサイトが来る必要があるのです。

そこで、早期に情報を収集し、他のサイトに先んじてまとめサイトを作る必要があります。こういった事情から、**情報の真偽が確かめられる前に誤った情報が公開されやすい**ともいえます。

過去、私自身もインターネット上で間違った情報を流され、その情報を鵜呑みにした一部マスコミが取材に来るということもあり、取材もなく誤報を流されたことがありました。

マスコミは情報の精査を何よりも大事にしていると考えていましたが、ときに急いで出そうとするあまり、誤った情報を入手してしまうこともあるという現実に驚きました。

誰が言っているから、どこが言っているからではなく、その情報がなぜ正しいと思うのか考えること。それが情報を受け取ったときにもっとも大事なことなのです。

3 誰が受け取るかを意識する

自分のフォロワーに向けて投稿していたつもりの仲間内のふざけ合いが公開されてしまって炎上した、という事例が多くあります。

「バカッター」と呼ばれるように、ツイッター上にバイト先での動画や写真を上げた結果炎上してしまう現象がまさにそれです。最近では、インスタグラムのストーリー機能（24時間限定で公開される仕様の投稿機能）において、バイト先での社会的に逸脱した行為を投稿されることが増えました。バイトテロではこれらの機能が使われる傾向があります。

そもそも仲間内であっても他者が迷惑と思う行為をすること自体が問題ではありますが、そういう若気の至りは誰にでもある話だと思います。しかし、そこからさらに、迷惑行為を写真や動画で投稿することは許されるものではありません。

心配になるのは、**インターネット上に投稿することの意味と本質をよくわかっていない**

のではないかと思えることです。

インターネット上に投稿するということは、ツイッターであろうが、インスタグラムであろうが、世間に自分とは何者であるかを家の外に出て拡声器を使って公表するに等しい行為です。

たとえアカウントに鍵をかけていようが、インスタグラムのストーリーにあげようが、知り合いから拡散する可能性だって否定できませんし、一旦出してしまった情報がさらに世界へ向けて拡散しない保証はありません。

自分が投稿した**ストーリーは24時間で消えるかもしれませんが、いちど流出した情報は簡単に消すことはできない**のです。

「匿名アカウントでやっているから、自分がどんな投稿をしているかは知られることはない」と過信している人がいるかもしれませんが、インターネット上の断片的な情報をかき集め、そこからさらに情報収集を行い、情報を統合・分析して、情報発信者が誰であるかを特定するのを得意とする人もたくさんいます。**匿名アカウントであるから羽目を外してもいいということにはならない**のです。

自分が何者であるか知ってほしいという欲求は誰にでもあります。しかし、自分の恥ずかしいところを外に拡散しようと思う人はごくわずかでしょう。

インターネットで投稿を行うことの容易さから、情報発信をする人は多くなってきました。ツイッターは現在４０００万人以上、インスタグラムも３０００万人程度のアクティブユーザーがいるそうです。

ＳＮＳが身近になった今だからこそ、情報発信するということの意味をあらためて理解する必要があります。

４　投稿するまでに間を空ける

インターネット上、とくにツイッターなどで投稿をする際に、「あ、これツイートしようかな」と思いついてから、実際に投稿までどれくらいの時間を空けていますか。

もしかすると、すぐ投稿を行っていませんか。

インターネット上に投稿するということは、玄関から家の外に出て、車や歩行者がたくさん行き交う大通りで「自分はこういう人間です」と表現する行為と同義であるということは、すでに前で触れた通りです。

そして、インターネット上のたった一瞬の判断ミスが、現実世界で大きな痛手を与える可能性があるとしたら……。

そんなリスクがある行為を簡単に行う人はいるでしょうか。

インターネット上での投稿は、下手をしたら会社を辞めなければならない、損害賠償請求をされるかもしれない、刑事事件になるかもといったリスクを内包します。

ツイッターなどのSNSは、ユーザービリティが研究されつくしているため、とても利用しやすくなっています。この利用しやすさが危険なのです。

ツイートすることによって何かを失う可能性があるというのに、それを即断する人はよっぽど経験値があるか、リスクを許容できる人なのでしょう。

ツイッターは特にそうですが、短文での投稿が求められていることもあり、感情が揺れ動いたその瞬間に、反射的・動物的に表現してしまったような投稿がそこかしこで見受けられます。これは危険と隣り合わせということです。

利用しやすいという点では、サービスとしては優秀ですが、利用するユーザーにとっては、それがゆえに思慮が足りない表現であっても流通させてしまう危険性があるということです。

ではどうしたらいいか。

お酒に酔っているなど正常な判断が難しいときはもちろん、平常時でも、書いたものを一度下書きとして保存するクセをつけましょう。

翌日ないし時間をおいてあらためて見て、その発信が自分の評価につながる表現としてふさわしいのかをじっくり考えて、投稿するかどうかを決めてください。

5　実際に周りの人に見せてみる

インターネットに投稿する前に、あなたの身の回りにいる人に、投稿を見てもらうのも炎上を避ける一つの方法です。

これはタレントなど、社会的立場のある人には特に有効な手段です。ツイートしたいときはそれをマネージャーに送る、会社の代表であったら広報担当者に送って、精査の上で投稿してもらうシステムを確立すればいいのです。一般の方であっても、少しでも悩んだ時点で周囲に相談するといいと思います。

そうすることで、自分の投稿を客観視できます。ダメ出しが出た場合は、その評価を真摯に受け止めて、表現を変えてみることもできますし、時には投稿しないという選択もできます。

もしくは、そこで批判的な意見が出た場合、それでもなお投稿するか、表現するものとしての覚悟を問われる機会を得ることができます。

企業のツイッターアカウントを、広報担当者が一人で管理をしている場合があります。これは非常に危険であり、実際に誤爆と呼ばれる自分のアカウントと企業アカウントを混同して投稿してしまって炎上した事例が後を絶ちません。

企業のアカウント管理を個々に任せすぎるのは危機管理意識が低いと言わざるを得ません。会社としての意思表示を委ねてしまっている＝会社の価値をたった一人の担当者に預けていると言っても過言ではないからです。

広告宣伝とＳＮＳは相性がいいものです。時に大きな話題になることもあり、公人や企業のＰＲに役立つことは間違いありません。だからこそ、適切な運用とリスク管理が求められるのです。

自分が見つけた居場所を
荒らされ続ける恐怖と精神的苦痛
「有名人だからとこれくらい我慢しろと言われ続けた」

はあちゅう
ブロガー・作家

INTERVIEW

唐澤貴洋

はあちゅう
ブロガー・作家。「ネット時代の新たな作家」をスローガンに読者と直接つながって言葉を届ける未来の作家の形を摸索中。著作に「とにかくウツなOLの、人生を変える1か月 」「半径5メートルの野望」、「通りすがりのあなた」など。月額課金制マガジン「月刊はあちゅう」が好評。

インターネット黎明期からアンチと戦い続けて

唐澤　はあちゅうさんはブロガーの先駆けとして、長年インターネットに携わってきて、時代とともに炎上の変化も感じていると思います。慶応大学在学中からブログを始めたんですよね？

はあちゅう　はい。2004年6月からブログを始めました。日本にブログが入ってきたのが2003年くらい。当時はまだブログもそんなに普及していなくて、やっている人も少なかったですね。2004年はミクシィーやグリーができた年で、本当にパソコンに詳しい人以外の一般人もネットに触れるようになった時期でした。

唐澤　その当時からはあちゅうさんは若者のオピニオンリーダーのような、発信し続ける存在だったんですね。

はあちゅう　いいえ。当初はただの雑記というか、日記を書いてただけなので、あんまり立派なことは書いてなかったですけどね。今でもそうですけど、自分の恋愛だったり、考え方とか、日常の発信でした。それでも炎上しました。

最初の炎上は、「顔がブス」だからという理由

唐澤　最初に炎上したのはいつ頃ですか？

はあちゅう　ブログを始めてから数ヶ月で炎上しました。

唐澤　原因はなんだったんですか？

はあちゅう　最初は、「顔がブス」だという理由でした。その頃はみんなブログっていう言葉自体も知らなかったんです。ネットで本名や自分の写真をアップすることですら危ないと思われていて、私が慶応大学の学生で、顔写真を出して本名も公開してるということも危ないと。他のブロガーさんもハンドルネームとアバターがほとんどで、所属も明らかにしていない

時代でした。その中で、私が顔写真をアップしていることが、「子供が真似したらどうするんだ」とか、「可愛くもないくせに」とか「タレントでもないくせに顔写真あげてナルシストですね」と。あまりにも「ブス」って言われたので、今度は「同じような立場の全国のブスよ、立ち上がろう」と書いたら、それも炎上しました。

唐澤　外見的なことを言われるのは自分を全否定されたみたいで辛いですね。

はあちゅう　「ブスの顔を見にきました」って言う人もいたし、「そうやってブスブランディングで生きていくつもりですか？」とか、「本当のブスに謝れ」とか。「普通の顔ですけど、ご自身でブスという防御線を張ることで可愛いって言われたいんでしょうね」とか、あらゆる方向から自分の

顔に対して色々言われて。そのときはコメント欄に毎日400件くらいブスって書かれていました。中には「ナスビみたい」や「炊飯器みたい」とか。

唐澤　炊飯器って独特の表現ですが……。

はあちゅう　大学時代は今よりムチムチしていてエラが張っていたので輪郭が炊飯器みたいって。そのときに「歯を見せて笑った顔が不細工ですね」って言われた言葉が、トラウマとして残ってしまいました。大学ではチアリーディング部だったんですけど、歯を見せて笑えなくなってしまって、そこから10年間、歯を見せた写真は1枚もありません。最近になってカメラマンさんが、「歯を見せた笑顔の方が可愛いよ」と言ってくれてようやく笑えるようになりました。

唐澤　初めて炎上を経験したのはインターネット黎明期で、まだ学生ですよね。炎上したときはどんな気持ちでしたか？

はあちゅう　すごく辛かったです。まず鏡が見れなくなって、次第に物理的に具合が悪くなって倒れました。2日間くらいどんよりとしていたときに、運悪く田園都市線で財布まで盗まれてしまって。やばい。生きてる意味がないっていうくらい落ち込んで……3日くらい寝込みましたね。

唐澤　立ち直るきっかけはあったんですか？

はあちゅう　ベッドで泣きながら伏せっている私に、母がデパートで買ってきた新品の財布と定期入れを枕元に置いてくれて。それに母の愛を感じました。だから、ブログでどんなにブスは価値がないと言われても、この人を幸せにするために生きようって。これだけ大事に思ってくれている人がいるんだから立ち直らなくちゃっと、ゆっくり気持ちをもち直しました。

ブログは自分が何者かになれる唯一の居場所だった

唐澤　発信することに対する恐怖は湧きませんでしたか？

はあちゅう　怖かったです。でも、私にはブログしかなかった。それまでの18年間、私はクラスの隅っこにいて、自分の意見を言えない子供でした。同世代やクラスで目立っている女の子をずっと羨ましいなと思っていたし、自分の容姿では読者モデルになんてなれない。自分の意見を発信できる場所なんてなかったんです。

でも、ブログの日記は唯一ありのままの

自分を出せる場所でした。確かに炎上もするけど、楽しみにしてくれる人もいた。ブログが私にとって唯一の居場所だったので、やめようとは思わなかったですね。

唐澤　炎上したときにブログから離れるという選択肢もあったんでしょうか。

はあちゅう　私が「何者」かになれる場所はブログしかなかったんで、おそらくなかったと思います。早い段階でブログが有名になって、大学でも声をかけられたり、他校の方からも会いたいって言ってもらったりと。ブログをきっかけに私自身を知ってもらって、これからなにかが起こりそうな予感がするのに、ここでやめたら元の何もない学生生活に戻っちゃうって。

唐澤　ブログ黎明期でまだ炎上に対する対応が確立されていない時代、どんな対策を取られたんでしょうか。

はあちゅう　私なりに考えて、長文の謝罪と弁解、反論が全部入り混じったような長い文章を考えて毎回アップしていましたね。それに対してまた反論が来て、炎上するんですけど、とにかく私がやれることって誤解を解くことしかないから。発言の意図をなんとかわかってもらいたいと考えていました。

唐澤　はあちゅうさんのようにインターネットの中で生きていかれるっていう覚悟をされている方は、文章で自分の考えを伝えるというのは、有効な方法だなと思いますね。インターネットでちゃんと自分のポジションを決めておくというか、自分の考えをきちんと述べておくのはとても意味がある行為です。

はあちゅう　一握りかもしれないですけど、それでわかってくれる人もいたんです。コメント欄を見てると「誠実な態度ですね」と。でもわかってくれない人もいて、それはもうしょうがないなって感じでしたね。

ツイッターの普及で炎上しやすい時代に

唐澤　はあちゅうさんがブログを始めた頃から比べると、炎上しやすくなったと感じることはありますか？

はあちゅう　昔に比べて今の方が圧倒的に燃えやすいですね。それはツイッターの影響が強いと思います。

唐澤　ツイッターは燃えやすい？

はあちゅう　はい。簡単に匿名のアカウントを作れて身元が特定しづらいし、あと客層が悪い（笑）。インターネットで罵詈雑言を好むような人たちが集まる場所になっちゃっているんです。

唐澤　僕はツイッターって動物的メディアだなって思うんですよ。ものすごい短文で意思表現できるじゃないですか。それに比べてブログのコメント欄ってそれなりの文字数が必要とされる。悪口にある種の熱意が感じられるというか（苦笑）。

はあちゅう　そうですね。ツイッターは波を作りやすいメディアで、すごく拡散されやすいんです。炎上するとツイートが拡散されて騒ぎが大きくなる特性をもっているので、炎上したことがすぐに世間に伝わってしまうんですね。それに拍車をかけるのがネットニュースで、炎上までいかないような出来事でも「炎上中」って記事に書かれると、それで「炎上」になっちゃう。

たとえば旦那と喧嘩して仲直りしましたっていう話を投稿しただけで、ネットニュースでは離婚危機って書かれて、本文を読まれないままリツイートされていく。ツイッターは歪んだ情報を広げやすいメディアなんだと思います。

炎上で深く傷つき
フォローを2000から4まで削減

唐澤　ツイッターに関してはもう諦めの気持ちが強いですか？

はあちゅう　そうですね。最近まで戦っていましたが、去年の12月から心境が変わりました。

唐澤　心境の変化となるきっかけがあった？

はあちゅう　イケダハヤトさんと正田圭さんと私の3人で「脱社畜サロン」というオ

ンラインサロンを始めたんですけど、2018年12月に正田圭さんが経歴詐称しているという指摘を受けて炎上したんですね。さらに、3人ともネットでは名の通ったメンバーなので「はあちゅうのオンラインサロンは新しい奴隷制度である」と詳細を知らないのに、悪意のある筆致で記事を書かれてしまって。去年1年間、オンラインサロンに自分の労力の全てを注いできたんです。それを否定されたことで、心の深いところを傷つけられてしまって。何をやっても悪意に歪められてしまうことに、絶望してしまったんです。

唐澤　やっぱりそのときも訂正の文章を出したんですか？

はあちゅう　はい。ただ自分が訂正や反論を書いても、全然リツイートされないんです。それなのに面白おかしく悪意で歪められた記事はものすごく拡散するんですよ。しかもそれを間接的に知っている人だったり、会ったことある人が拡散してたりするのを見ちゃって。人間不信になりましたね。それまでツイッターでは2000フォローしてたんですけど、全部外して、今は自分の宣伝アカウントしかフォローしてないので4フォローにまで減らしました。そのときに、今後一切ツイッターからは情報を得ないと決めました。

唐澤　2000から4へ！

はあちゅう　段階的に減らしていきました。まずは、面白おかしく炎上騒ぎを拡散しているアンチの人や、悪意のある記事をシェアしている人たちと仲良くやりとりしている人も嫌だったんです。この人、私の悪口書いてる人とプライベートで親交あるんだとか思っちゃうともう全部嫌になっちゃって。

唐澤　最初はいわゆるアンチの人を削除して、その次は悪意がある人と仲の良い同類と思われる人を削除していく。それははあちゅうさんの中ではどのような意味のある行為だったのでしょうか。

はあちゅう　……変化のときだったのだと思います。以前からツイッターに対してはすごく疑問に思っていて……ここでなにを言ってもダメだという諦めがありました。

私が4までフォローを削除した時も、「はあちゅうが逮捕を恐れてフォローを4人まで減らしたのマジ」って書かれたツイートが何千リツイートもされた。なぜかというと、以前、脱税で捕まった著名人とご飯を食べたことがあったり、ナンパ塾の講師の人にインタビューしたことがあって、そういう人たちが立て続けに逮捕された時期だったんです。

その結果、「はあちゅうが自分も逮捕されると思って、芋づる逮捕を恐れて交友関係を隠すためにフォローを削減した」みたいなことを書かれてしまって。そんないわれのないデマは何千リツイートされるのに、私がそれを否定したツイートは、3リツイート。ああ、ここに私の味方はいないんだなって思っちゃいましたね。

唐澤　絶望的な気持ちになりますね。

はあちゅう　それにアンチにリアクションするとフォロワーが減るんですよ。いじめは見て見ぬ振りをするのと同じ。私がアンチにリアクションすると、小さいことにうじうじしているやつって思ってフォローを外されちゃう。私からすると、100我慢している中で0・1リアクションしただけなのに。

一般人であれば全く問題にならないことも文句を言われて、どんだけインフルエンサーに厳しい世の中なんだろうって思います。

唐澤　そういう悪い情報を拡散する人たちの動機はなんなのでしょうか？　実際に、はあちゅうさんと会ったことがある人って少数で、それ以外は日常生活で関係のない人じゃないですか。

はあちゅう　動機の一つは「妬み」だと思います。最近一人アンチの身元が判明したんですけど、その人は自分でも小さいメディアをやっている子育て中の女性でした。そのことを友達に話したら、「この人ははあちゅうさんになりたかったんでしょうね」って。メディアに出ている人だったり、自分より人生がうまくいっている人というだけで叩きたい人っているんですよ。私がそれに最適だったんでしょう。

炎上体質になってしまうプロセスとは

唐澤　実際に僕はそういう書き込みをする人と対面したことがあるんです。加害者はどこか劣等感をもっていて社会的に上手くいっていない人も多い。だから何も関係ないのに僕のことを叩くという。面白半分っていうのもありますけど、自分が置かれている状況に納得できていないから他人を叩くことで自分を上げているのかもしれない。

はあちゅう　唐澤先生がターゲットになったのは、唐澤先生をいじめることがそのときのブームになっちゃったからだと思います。

唐澤　叩く対象は誰でも良くて、あくまで叩くという行為に意味があるんですよね。殺害予告をされても実際に殺されるわけでなく、あくまで殺すっていう言葉をネットに投稿する行為自体が意味をもっちゃっている。顕著な例が、ユーチューバーのヒカルさんが炎上したとき、普段僕を叩いているのと同じ層がヒカルさんを叩いていたんですよ。家を特定したり家族をボロクソに書くとか、手口も似ていて。その間は僕に対しての攻撃は凪状態みたいなところがあって。ああ、誰でもいいんだなと。

はあちゅう　どんな人でも炎上する時はしますからね。それでも、1回炎上すると、その人は「炎上体質」になっちゃうんですよ。炎上させるのが得意な放火魔みたいな人たちに目をつけられて、常に発言が悪意で歪められる悪循環ができちゃう。この人は炎上させてもいい人って判断され

たら、みんなから石を投げられる。1対1だったらやらないけど、みんなが石投げてるからあの人には石を投げてもいいんだって。正義感に似た構図に快感を感じているんだと思います。

唐澤　炎上体質になった人は、もうなにを言ってもダメなんですかね。

はあちゅう　「はあちゅうを叩くことはネットの当たり前」みたいになってますからね。私のことを嫌いな人は、堀江さんも嫌い。キングコング西野さんも嫌い。だからなにかいうたびにみんなで石を投げるというローテーションが出来上がっちゃってるんですよ。たとえ、いいことを言っても偽善や悪意にしか受け取られない。

唐澤　なにをやっても炎上する悪いサイク

ルに入っちゃってるってことですね。先ほど僕が叩かれたのはそのときのブームになったからだっておっしゃってましたが、そのブームはどんどん移っていくんでしょうか?

はあちゅう 炎上場所は移ってはいかないです。1回炎上すると「炎上メンバー」に入っちゃうんですよ。既存のグループに新しいメンバーが加入していくだけ。そういうループに疲れた人ってネットをやめちゃうので、その人たちのことはみんな忘れ去っていくんです。一時期はZOZOの前澤さんが毎日のように叩かれていたけど、ツイッターをやめたらネットニュースにもならないじゃないですか。石を投げる人たちも対象がいるから面白がる。でも、退場してしまった人のことは話題にならない。だから、残るのは活動を続けている、いわば戦っている人たちなので、いつもの炎上メンバーになるんです。

唐澤 前澤さんに石を投げていた人は、前澤さんがツイッターから離れてどんな気持ちだと思います?

はあちゅう 自覚すらない人が多いんじゃないかな。自分たちの発言の積み重ねが、あの人を退場させたっていうことに気づいてもいないんだと思います。

レッテルを貼られると炎上しやすくなる

唐澤　特に燃えやすい社会的アイコンみたいなものってありますか？

はあちゅう　ツイッターって、弱きが強いものを制裁するときすごく波に乗りやすいんですよ。だから今は差別主義者というレッテルを貼るのが流行っていますね。落合陽一さんが古市憲寿さんとの対談で炎上したのも、彼が優生思想の持ち主で、弱いものは死んでもいいと思ってるという「差別主義者」のレッテルを貼られたからです。

唐澤　はあちゅうさんも差別主義と言われた経験があるとか？

はあちゅう　はい。高校の頃にパナマに留学したことがあるんですけど、「質素な生活の中でもポジティブに人生と向かい合うパナマの人たちの生き方が、自分の人生に影響を与えた」と書いたら、パナマの人たちの貧困をバカにしているって言われ、その結果、差別主義者だし、お前はなんでも上から見ていると。唐澤先生は弁護士だし、私は慶応卒で電通で働いていたから、「高学歴の金持ちが見下している」と分類することで燃やしていい対象になるんです。

唐澤　他にもこれ言ったらアウトみたいな、地雷的な話題ってありますか？

はあちゅう　古い価値観を批判すると燃えやすいですね。たとえば私は「電話は時間を奪うからメールで欲しい」と言ったのが大きく燃えました。「電話の方が丁寧だろ」みたいな意見がバンバン。印鑑はいらない、結婚式に行きたくないというだけで、「伝統を踏みにじってる」って怒り出す人がいる。私たち夫婦の事実婚もそうですね。結婚を否定していると。

唐澤　素晴らしい制度なのにと？

はあちゅう　あとは頑張っている人を見下していると思われるような発言も炎上しやすいです。「生産性が高い働き方をするために、人に変わってAIが働いてくれたらいいですね」と言うと、「一生懸命に働いている人のことを否定しているから謝れ」って。実情を知らない人も色々言ってくる。専業主婦、子育て、妊活ネタもか

なり燃えやすいですね。

唐澤　批判を書き込む人って、実際に発言の対象になっている専業主婦や子育て中の当事者なんでしょうか。

はあちゅう　両方います。たとえば本人は専業主婦で、私みたいなのを見てイラっとする人もいるだろうし、自分は違うけど

専業主婦に対して失礼じゃないですかと言ってくる「正義の代理人」みたいな人もいます。炎上を大きくするのは、どっちかと言えば当事者ではなく、周囲の関係のない人ですね。

炎上は言葉の暴力という共通認識を

唐澤　正義の代理人、たくさんいますね。

はあちゅう　自分で正しいと思っていることを意見としていうのは、言論の自由だと思うんです。でもそこに罵声と中傷が混じってしまったら、言葉の暴力だと思い

ます。言わなくていい容姿への批判とか、人格の否定だったり歪んだ情報を、わざわざ自分の意見につける必要があるんだろうかって。私も、毒のあることを言ったりしますけど、それに対象者がいたことはないんです。「この現象に対して」とか「こういう制度に対してああ思った」ということは書いても、誰かの名前を出して批判することはしないようにしています。それに対し、反論以外の余計なものを返してくるのはフェアではないと思います。

唐澤　フェアという言葉はアンチの人には通じないですよね。これからフェアなネット社会を作るためには何が必要だと思いますか?

はあちゅう　まずは悪口を書き込みづらいように匿名アカウントを作れないようにしてほしいです。あとは誹謗中傷があったときに、きちんと個人特定ができるようにしてほしい。今の法律では書き込みをした人を訴えるのにも労力とお金がかかってしまって、たとえ名誉毀損になったとしても、金銭面など相手へのダメージがないんですよね。私はネットの誹謗中傷は「言葉の暴力」だと思っています。だからこそ名前や所属を公開して、しっかり事件として取り締まれる社会になってほしいと思います。

広告代理店の責任とコンプライアンス

まとめサイトや違法にコンテンツを掲載していた漫画村を支えたものは何でしょうか。

これらのサイト運営は、無償で行われているわけではありません。すべては広告による収益をあげるために運営されているのです。

インターネット上の広告は、広告代理店が広告掲載先としてPVが集まるウェブサイトに出稿します。ウェブサイトは過激なコンテンツをもとにPVを集め広告収益を上げようとします。

違法行為を助長することにつながることを認識しているにもかかわらず、違法なサイトを利用し収益を上げようとする広告代理店があります。

グーグルのアドセンスなどが違法なコンテンツに張られているときは、グーグルにコンテンツの違法性を強く主張し、広告を停止させることが、違法サイトを運営させにくくする有効な方法です。

4章

炎上してしまったらどうすればいい

炎上したらまずすべきこととは

不幸にもあなたのSNSが炎上してしまったらどうすればいいのでしょう?

あなたがいくら気をつけていても炎上をしてしまう場合はあります。

それは自分の非常識な振る舞いや、マナー違反や、気配りの足りなさが原因かもしれません。もしかすると、まったく自分に非がない場合もあるでしょう。

炎上が始まると、**炎上させる側は被害者が知られたくない、明らかにしたくない、弱いところを狙おうとします**。

たとえば個人情報や家族であったり。社会人で所属が明らかになると、今度は会社への電話してクレームを入れたりして相手が嫌がることをして社会的に追い詰めようとしてきます。

1　ネタを投下しない

炎上してしまったら、第一にとるべき行動は、**次の炎上の燃料となるネタを与えないこと**です。燃料を投下されると、また一気に盛り上がり、まとめサイトなどへの転載が始まります。

炎上を鎮火させようとして発言したつもりであったとしても、大抵は火に油を注ぐこととなり、ますます炎が広がるという悪循環に陥ります。

ムキになって反応、あるいは反論をすると、炎上させようとしている外野はさらに盛り上がります。どんなことを言っても揚げ足を取られ、さらにそれが炎上の燃料となります。ムキになればなるほど、相手が喜ぶ。つまり、その行動は相手の思う壺だということです。

顔の見えない相手に対して感情的に言い返したとしても、相手が「はい、わかりました」と納得することは絶対にありません。ありとあらゆる手段を使って、あなたをおとしめる手段を取ってくるでしょう。

匿名vs実名の戦いは、こちらに分が悪いものです。だったら、**じっと黙って嵐が過ぎるのを待ちましょう**。消極的に思えるかもしれませんが、私が炎上したときの経験から得た、もっとも現実的でさらに効果のある対応策でもあります。
なにを言われても黙る。しつこく絡まれても無視をするのが一番です。

2 時間が経過するのを待つ

燃料を与えないことがなによりも大事ですが、同時に時間の力を借りましょう。喉元過ぎれば、ということわざがありますが、時間の経過とともに人の怒りの感情はおさまるものです。

アンガーマネジメントという言葉があります。人間は瞬間的に怒りを覚えても6秒程度じっとこらえると、怒りに任せた衝動的な行動を抑えることができるということは広く知られるようになりました。

このように、程度はあれど時間とともに人間の怒りは鎮まっていくものなのです。

時間の経過によって解決することもあると理解した上で、**炎上させる相手と同じ土俵に上らない**ように気をつけてください。

大事なのはちょっと離れたところから状況を観察して見守ることです。

自分の社会的立場を守るために弁解することも、この段階では避けてください。自己保身に走っていると評価され、その場面だけを切り取られたイメージが拡散して、さらに事態が悪化することが予想されるからです。

炎上が始まると精神的にダメージを受けて、早くどうにかしないとと焦ってしまったり、他人のことを構う余裕がなくなります。しかし、そんなときこそ、冷静な対応が求められます。

ネタを与えないで飽きるのを待つ。「時間稼ぎか」と言われても気にせず、落ち着くのを待ちましょう。弁明や謝罪などはその次の段階で行えばいいのです。

3　警察に相談する

ひどい誹謗中傷が続いたり、プライベートの様子が盗撮されたり、自分の居住地が明記されたり、学校や勤め先、両親や家族、恋人の情報が晒されたりするなど、明らかなプライバシー侵害が行われた場合は警察に相談しましょう。

警察に動いてもらうためにはまず窓口で相談する必要があります。必要があれば被害届を提出しますが、結果としてどの程度の捜査をしてもらえるかは、被害者側の努力や協力にかかっていることもあります。

この項目については、次章で詳しく語りますが、ネット上で被害を受けたからと単に相談をしても、必ずしも警察が対応してくれるとは限らないのです。まずは**警察に対して、自分が被害を受けたという証拠を提示**しなければいけません。

たとえばプライバシー侵害をされているならば、まとめサイトのＨＰのスクリーンショットを用意するなど、明らかに自分が被害を受けているとわかる証拠が必要です。ツイートで炎上している、クレームのリプが飛んでくるという理由だけでは警察は動いてくれないでしょう。

あなたがもし匿名アカウントを用いていて、その匿名アカウントに対して誹謗中傷されている場合は、周りの人がそのアカウントをあなたであると認識していることが必要です。

4　弁護士に相談する

警察への相談と同時に、インターネットの人権侵害に明るい弁護士に相談を依頼するのもいいでしょう。

弁護士は具体的な解決策を示してくれる場合もありますし、警察への対応力になってくれます。インターネット上のトラブルに明るい弁護士ならば、友人や知り合いに炎上している事実を話せなかったり、あるいは話しても炎上のつらさを共有できなかったという苦しみにも理解を示してくれます。

また、警察に相談しても告訴状を受理されない可能性がありますが、かならず**自分の味方になってくれる弁護士の存在は心強く感じる**はずです。ただし、弁護士との相談などには費用がかかりますので、その点は注意してください。

一般人（私人）の場合の対応例

ここからは私人・公人・企業などに分けて対応策を見ていきましょう。

一般人の場合、大事なのは**反論をしない**ことです。これは大前提となります。炎上させようという敵意をもった人間に対して、どんなことを言っても無意味です。とりあえず、炎上に気が付いたら沈黙を守ること。信頼できる人間に相談することも大事です。両親や家族、恋人にも被害が及ぶ可能性があることを直接伝えてもいいかもしれません。

次に**アカウントを削除しましょう**。ツイッターやインスタグラムにはたくさんの個人情報が詰まっています。鍵をかけたとしても、もしかするとフォロー関係にある知り合いから、さらに個人情報が流出しないとも限りません。

もったいないという感覚を捨て去り、勇気を持って消すことです。何年もかけてフォロワーが増えたのに、という気持ちはわかります。だからといって、ツイートを全削除しても、アカウントが存在しているというだけで、炎上させる側のターゲットになり続けます。いったんアカウントごと削除して、SNSから存在を消すこと。あなたを炎上させようとしている人々の視野から消えることが大事なのです。

同時に過去のインターネット上に発信した情報を削除します。他のアカウントやホームページ上で個人情報が掲載されている場合は、そちらも削除をお願いしましょう。

次に**学校や勤務先に炎上している事実と現状を説明**してください。

炎上投稿をした人間に敵意をもった人たちは、自宅以外の、学校や勤務先にも電話やメールで突撃してくることがあります。

このとき、一番まずいのが、学校や担任や会社の上長がその事実を知らないまま、突然電話が鳴り響き、学校や会社に混乱を招いてしまうことです。あなたの印象はますます悪くなるでしょう。

つまり、**自分に非があるならばその旨をきちんと伝えて、対応をお願いする**ことが大事なのです。自分に非がないのであれば、毅然とした対応をお願いすることで、混乱を防ぐことができます。

また、政府もインターネット上の誹謗中傷への対策に力を入れています。法務省人権擁護局のインターネット人権相談窓口に相談するのもいいでしょう。

こちらではインターネットでも相談を受け付けているので、メールや面談などで一緒に解決策を探ってもいいでしょう。

企業の場合の対応例

企業の場合は当たり前ですが一般人と対策が異なります。

かのドラッカーは「顧客を満足させることが、企業の使命であり目的である」といいました。企業の使命は最終的には社会に貢献することです。

炎上をした場合は関係各所が迅速に動き、現時点で集められる情報を集め、記者会見を行い情報を公開することが求められます。それを社会が欲しているからです。

この対応の素早さと誠実さが、その後の炎上の度合いを決めるといってもいいでしょう。

問題となるのは**炎上の原因となった事象を隠蔽した場合**です。

批判的な意見や、そのもととなった事実を「隠そう」としてはいけません。

炎上したのち企業側の判断で投稿の削除をすることがありますが、現在ではすぐにサイトにまとめられてアップされてしまうので意味はなく、さらにリリースや記者会見などで説明する前に削除をすると「隠蔽している」という悪いイメージを与えかねません。

炎上した際は、**「何について、誰に対して謝罪し、どのような責任を誰がとるか」**が重要です。

先日話題になった銭湯絵師の「元弟子」がイベントで他人のイラストをモチーフを模倣したことが判明したあとの謝罪文が悪い例ですが、「お騒がせしたことをお詫び」するのではなく、なぜ、誰に対して、どうして謝るのかを明確にしなくてはいけません。そうしないと、正義の代理人たちの怒りを増幅させるだけです。

もしも被害者がいる場合、被害者に対して、潔い謝罪と最大限の損害賠償をすることが大事です。月並みな言い方になってしまうのですが、**誠意ある対応を心がけることが不手際・不始末のあとでもそれ以上に企業価値を損なわない最良の方法**なのです。

もしも従業員が不当な炎上やインターネット上の人権侵害の被害に遭っていたとしたら、会社や組織は毅然とした対応をすべきであると考えます。

たとえば私は事務所への嫌がらせが続いたため、大手ビル所有会社から出て行けと言われたこともありました。日本有数の会社がそのような対応をとったことはとても残念であり、企業として適切な対応だったのか今でも疑問に思っています。

幸いにして私には弁護士という職があったのでなんとかなりましたが、企業に勤める社会人でそれに耐えられる人は少ないと思います。

私の場合は第一弁護士会の会長が応援の声明を出してくれたことが心の支えとなりました。それだけで、「あきらめてはいけない。がんばらなければいけない」という気持ちになりました。会長からは「弁護士会はこれからも応援する、そして、今はこの声明しか出せなくて申し訳ない」という言葉をいただきました。

私への声明を出したがために、会長が脅迫されるという事態まで生じたものの、それ以上に私のことを気遣っていただきました。自然と涙が出てきました。今でも弁護士会の先生方に多くの支援をいただいております。

以上の私の経験から、会社や組織は、炎上している当該従業員と話し合った上で、インターネット上の人権侵害だと認識したのなら、迅速に社員を守る対応をとるべきだと考えています。**それがその人の心の支えになるからです。**

有名人の場合

最後に、有名人や芸能人の場合の対策もお話ししておきましょう。

有名人を炎上させる人たちがなにを求めているのかすぐに考えましょう。不法行為やマナー違反であればすぐに謝罪して、問題の記事を削除。謝罪の際には潔く謝ることが何よりも大事です。

謝罪に至るまでのスピードは大事です。常に大衆の目に触れる可能性のある有名人は、否が応でも顔を見たり、記事で名前を見かけるだけで、そのことを思い出す人も多いわけで、放っておくことで、怒りが増幅され憎悪になってしまう可能性があるからです。

さらにまとめサイトがすぐに立ち上がるので、初期対応を間違えるとあっという間に炎上して、さらに周辺にも飛び火、延焼を始めます。

前にも書いたように、**有名人に求めるのは、言い訳や弁明ではなく、真剣に反省している態度**です。中途半端な反論はしてはいけません。

迷惑をかけた相手がいる場合は、当事者間で和解を行うことはもちろん、相手方へ配慮している姿勢を示すことが大事です。

連名で声明を出すことも効果があります。

雑誌「ＳＰＡ！」は女子大生に対する性的偏見を助長する記事を掲載したとして炎上しました。しかし、クレームの声をあげた女子大生を呼んで話し合いの上、両者で解決策を提示しました。

当人同士がもめてないということを明確にすれば、外野がそれ以上焚きつける道理も目

的もなくなってしまいます。

VAZという芸能事務所ではユーチューバー同士、あるいはユーチューバーと事務所のトラブルが問題になりました。揉めていた当事者同士が出演した和解の動画を公開したところあっというまに騒動は収まったかのように見えました。しかし、その後、事務所と当事者の話し合いがうまくいかず、再び問題がおこっています。きちんとした和解をすべきであるとの教訓でもあります。

芸能人はその後、スポンサーやテレビ局への説明が求められますが、これは社会人が会社に説明するのと同じことです。自分のせいで迷惑をかけてしまうことを事前に伝えるのです。

スポンサーやテレビ局は、ときにインターネット上の炎上を過剰に重視してしまうことがあります。実数として何人が炎上に参加しているのか、何人が電話しているのかも知らないにもかかわらず。

スポンサーやテレビ局も炎上を忌避するのではなく、炎上について冷静に分析することが求められます。

5章

炎上で被害を受けた、さあどう戦う

まずはどんな戦い方があるのかを知る

もしもあなたのＳＮＳが炎上して、いわれのない誹謗中傷を受けたり、個人情報がさらされるなどの実害を被ったら、どうしたらいいのでしょうか。

炎上したことで実害を被った場合、以下の流れで「見えない相手」と戦いましょう。

発信者の特定

損害賠償請求

or

名誉毀損罪・脅迫罪
業務妨害罪
著作権法違反等での
被害申告、
場合によって
刑事告訴

まずは、投稿記事の発信者を特定する必要がありますが、仮に特定できた場合、実際に相手を法的な手続きをとっていくとすれば、次のような手立てがあります。

損害賠償請求するには

誹謗中傷、プライバシー等の権利侵害に基づく精神的損害に対する慰謝料、営業損失についての賠償を求めましょう。慰謝料については、裁判では、数百万円といった金額が認められる可能性は低く、個人への少数の投稿だと数十万円程度と考えてください。損害賠償で認められる金額は少なく、被害者にとっては書かれ損であるのが現状です。

発信者の特定のためにかかった弁護士費用は、発信者への損害賠償請求の裁判で一部調査費用として認められる可能性があります。

損害賠償請求訴訟の提起のための弁護士費用は、裁判で認められた損害賠償金額の1割だけ認められます。たとえば20万円の慰謝料が認められたら、その1割の2万円が認められます。さらに裁判を行うと費用がかかります。具体的に、郵便切手代、裁判所に納める印紙代が訴訟当初にかかります。

損害賠償請求は訴訟を行わなくてもできます。裁判ではなく内容証明郵便等で相手に請求するもので、この段階で示談がまとまることもあります。

刑事告訴するには

名誉毀損罪は被害者側で犯人を特定した上で、資料を整えて警察にお願いすると対応されやすくなります。

警察には一度相談に行くだけではなく、資料を整えて足繁く通うことが必要です。

資料とは、**誹謗中傷されている投稿記事のスクリーンショット（URLが記載されているもの）**、開示手続きをした場合は裁判所の仮処分決定、判決、実際に発信者情報の開示結果を資料として付ける必要があり、刑事告訴の文書では、各犯罪になぜ該当するかを記載する必要があります。

ちなみに、名誉毀損罪は親告罪（被害者からの告訴が無ければ起訴できない犯罪のこと）なので、刑事告訴がなければ起訴されません。

警察への対応としては、告訴した後も定期的に連絡を取り、対応状況の確認をした方がいいでしょう。警察も多忙のため、その案件にかかりきりというわけにはいかないからです。誹謗中傷が続いたり、事態に進展があったらそれも伝えてください。

脅迫罪・業務妨害罪は親告罪ではないので、被害届でも警察の対応を求めることができます。業務妨害罪では、法律上は本来必要とされていないのですが、具体的な業務妨害についての証拠の提出を求められることがあります。このため、**どういった投稿や現実的な嫌がらせがあってその結果どのように業務が妨害されたかを記録する**必要があります。

プロバイダの情報開示にはどうすればいい

それでは、次に個人を特定するための方法を見ていきましょう。

掲示板、ブログのコメント、SNSにおける投稿についての投稿者を特定するには以下の方法があります。

まず投稿されたウェブサイトの管理者〈ウェブサイトというコンテンツを提供〈プロバイド〉していることからコンテンツプロバイダという〉からIPアドレス・投稿日時等について開示を受けましょう。

この場合は、**①裁判所に発信者情報開示の仮処分を申し立てる**ことが多くなるでしょう。裁判手続をしなくてもIPアドレスの開示を受けることができるサイトもありますが少数に限られています。

次に**②ＩＰアドレスを管理するインターネット接続業者**（経由プロバイダと呼ばれる。ソフトバンク、ＮＴＴドコモ、ＮＴＴコミュニケーションズなど）に対して**契約者情報の開示を求めます**。発信者が同意しない限り（実際に同意するケースはごく少数です）、裁判手続きによらなければ、契約者情報の開示は困難です。

総務省が発行する、開示を受けるための根拠となる法律の解説本では、「プロバイダ等が任意に開示した場合、要件判断を誤ったときには、通信の秘密侵害罪を構成する場合があるほか、発信者からの責任追及を受けることにもなるので、裁判所の判断に基づく場合以外に開示を行うケースは例外的であろう」（『改訂増補第2版プロバイダ責任制限法』74頁）と推奨されており、インターネット接続業者もそれに従っているのが現状です。

「「求め」ではなく「請求」という用語を求めたのは、「求め」の場合には、任意の履行を期待して裁判外において要求するという意味あいが強いのに対し、本法律においては、そのような広い履行方法は期待されておらず、開示関係役務提供者は要件の充足性を厳格に審査し、要件充足性について疑義がある場合には、開示しないことが期待されることから、訴訟による権利の実現というニュアンスが強い「請求」という用語を用いているものである。」(『改訂増補第2版プロバイダ責任制限法』78頁)という記載も存在します。

すこし難しくなってしまいましたが、これらの文は、**ネットに投稿された投稿者の個人情報をプロバイダが開示する場合は裁判所からの判決を受けてからにしなさい**ということを明言しています。

実際に、前提となる事実が明らかでない論評や、女性に対する明らかな名誉毀損やプライバシー権侵害といった明らかな権利侵害に対して、プロバイダが任意で開示しなかった例が確認されています。

弁護士会からの照会での契約者情報の開示ができるといった誤った解説が、某掲示板の管理者からなされていますが、具体的な根拠は示されていませんし、実務家からもそのようなケースを現在聞いたことはありません。実際、その掲示板も弁護士会照会で発信者情報の開示ができるわけではありません。

ウェブサイト管理者を特定する方法

ウェブサイトの管理者自体が誹謗中傷に関与している場合に、ウェブサイト管理者を特定する方法を確認しましょう。

まず、ウェブサイトに関するデータが入っているサーバ管理会社（さくらインターネット、エックスサーバーなど）を調べることが第一歩です。

「whois」というサイトでドメインの登録者情報やどのIPアドレスと紐づいているかを調べましょう。

権利侵害情報を掲載するサイトは、ドメインの登録者情報が正確に記載されることはなく、ドメインの登録サービスを提供して登録情報公開の代行を行う事業者（レジストラと呼ばれます）の情報が掲載されていることが多いのです。

ドメインとIPアドレスの紐づけが確認できたら、基本的にそのIPアドレスを管理しているサーバ管理会社に対して、発信者情報開示請求訴訟を行い、サーバの利用契約をした者に関する情報を得る必要があります。しかし、サーバ管理会社はウェブサイトの投稿者に関する通信ログ情報までは提供してくれません。

個人情報を特定する際に立ちはだかるハードル

法の力を借りて戦うことがもっとも有効な戦法であることは間違いありませんが、それでもさまざまな困難が立ちはだかります。

問題①　通信ログ（ＩＰアドレス、投稿日時、契約者情報）の保存期間や、通信ログの保存方法について法律上規定されていないこと

総務省は個人情報保護の観点から通信ログの保存を推奨しておらず、掲示板管理者、コンテンツを提供する事業者、インターネット接続業者において、通信ログがきちんと保存されていないことがあります。

また、開示されたＩＰアドレスや投稿日時だけでは、発信者を特定できない場合もあります。これは、インターネット接続業者がＩＰアドレスや投稿日時では契約者情報が特定できない方法で契約者の通信情報を管理しているからです。これらの問題は、新たな立法が求められます。

問題②　発信者情報と隠すための技術の存在

a）Ｔｏｒ（The Onion Router）　ブラウザという発信者情報を隠すための技術が存在します。このブラウザを介し、インターネット上の情報を発信すると、発信者に関する情報を特定するのが困難になります。もしも、この通信技術を用いたサイバーテロが行われたら、現状では対応できない可能性が高いということです。これは警察も認識しており、早急に国家的な対応が求められます。

プロバイダもＴｏｒを用いて悪意ある投稿が行われていることは把握しており、プロバイダが把握した情報を端緒とし、発信者を特定できる仕組みを作る必要があるでしょう。

b）クラウドフレアというCDN（Content Deriverly Netowrk）を提供するサービスを利用されると、サイト管理者を特定する上で支障が出ます。

ＣＤＮとは元々データを保存していたサーバ管理会社以外にウエブサイトに関するデータを保存し、エンドユーザーがサイトへのアクセスを容易にするサービスでしたが、このサービスを用いられるとサーバ管理会社に関する情報が掲載されているｗｈｏｉｓ情報を隠すことができるからです。違法サイトがクラウドフレアを用いると、サーバ管理会社が特定できず、サイトの削除をサーバ管理会社に請求する上で支障が出ます。

クラウドフレアがサーバ管理会社に関する情報を提供してくることもあるので、まずはメールで何度も問い合わせをすることをお勧めします。

それでも対応してもらえない場合は、クラウドフレアに対して、発信者情報開示の仮処分命令を申し立てることが必要となります。

ただし、ここで開示を受けられる情報は、クラウドフレアの利用者の登録情報であり、登録時に虚偽の情報を入力されている場合もあります。

この場合、登録時に保存していたクレジットカード情報を把握したいところですが、日本の法律上、開示を受けることができる根拠となる法令が存在しないのです。

米国の情報開示手続を用いた成功事例が存在するのですが、米国では弁護士費用が高額であり、一般の方がこの手続きを利用するにはまだまだハードルが高いでしょう。

クラウドフレアは、日本国内向けのサービス展開のため、日本国内のサーバ管理会社を用いてデータを保存していることが調査の結果わかっています。

日本の会社が関与して日本国内でサービスを展開している以上、違法行為にクラウドフレアが利用されているのならば、関与している日本企業も含めて情報開示について誠実な対応が求められます。

c）街中で誰でも自由に使える公衆Ｗｉｆｉも厄介です。身分の確認をきちんとせずに、インターネットの接続サービスを提供している公衆Ｗｉｆｉも存在します。このような回線を利用されると、発信者情報の特定が困難となります。

公衆Ｗｉｆｉの中には、パスワード設定していないところ、一度パスワード設定をした後、ずっと変更しないところもあります。

一度パスワードを入手すれば、近隣でノートパソコンやスマートフォンを開き、店舗が契約した回線を利用して、違法情報が発信される危険性があるということです。

公衆Ｗｉｆｉの在り方にもきちんとしたルール作りをする必要があるでしょう。

d）他者の回線を乗っ取って投稿されると、実際に投稿をしたことのない人に関する情報が契約者情報として開示されます。刑事事件では誤った捜査が行われないように、スマートフォン、パソコン等通信端末に残存している通信ログを調査されます。

民事訴訟で身に覚えのない通信をしたとして発信者情報の開示を求められた場合は、その旨を主張し、専門家に通信端末の通信ログを解析してもらい、身の潔白を主張していく必要があるでしょう。

私はこうやって戦った

私に対するインターネット上の誹謗中傷や殺害予告等は無数存在していたことから、民事手続のみでは、対応できませんでした。そこで、刑事告訴を行い被害届を出し、刑事事件としての立件を目指していきました。これにより、10人を超える加害者が刑事事件で立件されており、複数人逮捕され、現在服役している人もいます。

警察からも多大な協力をいただいて、なにかあればいつでも対応いただける体制を整えていただきました。また、弁護士会によるサポートも大きな支えになりました。声明を出して公的にサポートしていただいたことにはじまり、法的手段をとるときは、多数の弁護士の方に、訴訟についてご協力いただきました。それはとても心強いものでした。

そして、周囲の知人や、特に家族による支援は心の励みになりました。私の父親、母親からはいつも気持ち上でサポートしてもらっています。

インターネットで誹謗中傷を受けた経験は誰にでもあるものではありません。それは周囲が想像するよりも大きな恐怖であり、怯えながら毎日を暮らすことは大きな精神的負担になります。

自分の悪口を誰が書き込んでいるかわからない、それゆえ疑心暗鬼になり精神的に不安定になっていく。このとき、支えてくれる人の存在がなによりも大事です。

それは自分の周囲にいる人でもいいですし、法務省の人権擁護局のインターネット人権相談や、弁護士など法の専門家に相談してもいいでしょう。

一人で戦うことはありません、そして、あなたは一人ではありません。自分の状況について周囲に率直に伝え、理解を求めることから始めましょう。

ずっとその居場所に居続けてしまうと、
今度はその居場所の平凡さ、変化のなさに耐えられなくなる。
そうすると、今度は競争が始まる

渋井哲也
ジャーナリスト

INTERVIEW

唐澤貴洋

しぶい　てつや
ジャーナリスト・フリーライター。中央大学非常勤講師。長野県の地方紙の記者を経て、フリーに。主な取材テーマは、インターネット・コミュニケーションのほか、若者の生きづらさ、自殺など。著書には『明日、自殺しませんか』『学校裏サイト』など。

ジャーナリストから見たネット依存とは

唐澤　渋井さんはもともと新聞記者をされていたんですよね。どういったきっかけでインターネットの問題に取り組み始めたんですか？

渋井　僕は1993年に長野日報に入社して、初めは車の免許がなかったので内勤だったんですよ。内勤ってパソコンを使うんですけど、単にシステムだけ見ててもつまらない。ここでなにができるだろうって考えていたときに、ちょうどシステム担当がインターネットに精通している人で、システムに関することからネットコミュニケーションの可能性まで教えてもらったんです。

1996年8月に、当時住んでいた長野県塩尻市が無料でネット回線を開放するサービスを開始したので、そのタイミングでネットを始めました。でもそのときはまだヤフーのページとかも何もなくて、ネットには情報が溢れているって聞いてたのに全然情報少ないじゃんって。

唐澤　ネットは世界とつながっているはずなのに？

渋井　それで情報がないなら自分で情報を

作っちゃえって。最初は興味のあった教育問題の発信をしていたんですけど、いまいち盛り上がらなかったんですよ。だけど、『朝まで生テレビ』で援助交際特集をしたときに、それに対して「女子高生って本当はそんな姿じゃないよ」というロフトプラスワンでのイベントを書いたら、援助交際している女子高生から結構反応があったんです。自分のことも取材をしてくださいとか、あるいはまだ援助交際はしてないけど、今後する気持ちがあるんだっていう子たちからもコメントが来て。ネットと家出・援助交際っていうものの相性の良さを感じたんですね。それがネット問題に取り組み始めたきっかけです。

唐澤　相性がいいとはどういう意味でしょうか？

渋井　家出や援助交際する子たちって、どこにも居場所がないんですよね。家庭や学校に居場所を感じられないから、自分の住んでいる地域や家族、学校以外の場所に行ける方法をずっと探しているんです。ネットは外の世界とつながれるものなので、自分の殻を破りたいと思っている子たちの受け皿だったんですよ。その頃からインターネットは居場所になっていたんだと思います。

スマホ時代到来でネットの利用者層にも変化が

唐澤　当時はまだネット黎明期だったと思うのですが、家出や援助交際する子たちってうまくネットを使いこなせていたんですか？

渋井　１９９０年代はパソコンがメインだったので、家庭でお父さんやお母さんがネットを使っているのを見て使い方を学んでいるんですよね。彼らはパソコンユーザーの家庭に育っているから、おそらくなんとなく使えちゃう。当時ネットを利用していたのは、ホームページが作れたり、ネットで情報収集ができる子たちだったんですよ。

唐澤　つまりある程度ネットの仕組みがわかっていて、情報の取捨選択能力があったわけですね。

渋井　そういう子たちは、ネットを利用するときに自分でリスク回避していたんですよね。援助交際で直接会う前に、こういう態度をとってくる人は危険だとか、あるいは安全だとか。言語化できないところで危険な目に遭わないようにしていたんですよ。仮に危険なトラブルがあったとしても、交番に駆け込んだり法律に詳しい人に聞くとか、自分でなんとかするって発想があったんですよね。

唐澤　自分の身は自分で守るという発想ですね。１９９０年代と比べると、今ネットを利用している子たちの層って変わっていますか？

渋井　今考えると、1990年代後半から2000年代前半にかけて相当変わったと思います。そのきっかけになったのがiモードの普及。iモードが普及する前って情報の見極めが上手な人だけがネットを利用していたんです。でも普及してからは、ネットの仕組みがよくわかっていなくても携帯で気軽にネットが使えるようになってしまった。しかも今では、誰もがスマホを使う時代でしょ？　それによって情報の取捨選択がうまくない人、いわばリスク回避ができない人もネットを利用するようになったんですよ。

唐澤　ネットの利用者の裾野が広がっちゃってるんですね。

渋井　言うなれば自分が危険な街に行くとして、最初のころ危険な街だって認知して行くから、どこが危険かって理解しているんですよ。だけどその危険な街が一般化されてきちゃうと、いろんな人が行っちゃうでしょ？　中には危険だってことを知らない人もいる。一見いっぱいお店があって安全に遊べる街なんだけど、実は近くに危険なスポットがあったりしても、一般利用者はわからないんですよ。

唐澤　だから危険を自ら回避できないんですね。それに今はスマホで24時間ネットが使えますし、昔と比べると1日のうちネットに関わる時間もぐっと増えましたよね。

渋井 そうですね。昔は夜11時以降のテレホーダイを使ってダイアルアップでネットを利用したりしていましたからね。当時のユーザーの方が時間はかなり限られていました。それ以外の時間はネット以外のアナログなコミュニケーションをとっていたんじゃないかな。

唐澤 それが時代とともに生活においてネットの比重が大きくなっていった。よりネットへの依存度が高まってきていると言えますよね。どういう流れでそうなっていったんでしょうか?

渋井 2003年くらいに、ガイアックスで誰でもホームページが作れるようになったんですよ。これは人々がネットとの関わり方が変わるきっかけになったんじゃないかと思います。2004年に起きた殺人事件にもネットが深く関わっているんですよ。

唐澤 「佐世保小6女児同級生事件」ですね。

渋井 あの事件では、最初加害者が被害者の子にパソコンを教えていて、一緒にホームページを作ったんです。誰でも作れるいわゆるブログのようなものですね。でもリアルな世界でトラブルがあって、加害者はホームページのパスワードを知っているから、被害者が書いたブログの内容を書き換えたり嫌がらせして。結局はその延長で攻撃性が増していった。

唐澤　ネットのトラブルが、リアルな世界にまで影響を及ぼすようになったと。

渋井　当時、文科省のネット教育っていうのは、「知らない人に気をつけよう」だったんですよ。出会い系に気をつけよう、チェーンメールに気をつけようみたいな。でもこの事件以降は「知っている人にも気をつけよう」教育にも変わるんですよ。

唐澤　友達同士でも気をつけようってことですかね。

渋井　知っている人の間でもネットのマナーが大事っていう、ネチケットですね。当時の新聞で、ネットでトラブルが起きたとき相手がどんな人だと怒りが継続するのかという調査を行っていたんですよね。それによると、ネット上だけで知っている人が相手だとトラブルがあっても怒りが継続しないんですよ。理由はネットは遮断すればいいから。でも身近な知り合いと

ネットでトラブルが起きたとき、ネットを遮断してもリアルな世界を遮断することができないから24時間怒りが増していくんですよ。だからネットの他人より身近な知り合いが相手だと怒りが継続してしまう。

〝ネット＝居場所〟になっている現状

唐澤　そもそもどういう人がネットに依存しやすいのでしょうか？

渋井　なにかしら「欠けている」と感じている人ですね。家族環境や仕事だったり、何かしら欠けたと感じるとき、それを補うものがないと、ネットに依存しやすくなります。インターネットにある情報を見て、ネットで友達と一緒にオンラインゲームをしていたとしても、プレイ中は一人なの

でさらに孤立する。ネット上ではみんな楽しくしてるのに、それに比べて自分は孤独だよって。インターネットは本来であれば孤独を満たすための居場所。でもそこにいることでますます孤独な気持ちになってしまうこともあるんです。

唐澤　依存する人たちはなにを求めてるんでしょう。

渋井　いろんな居場所の形があると思うんですけど、一つは「自己語らいの場所」ですね。たとえば自殺系サイトだったら、私はこんな体験をしたから死にたいと思うんだっていう体験だったり、自殺未遂をしましたよっていうことを語り合う。

あるいは自殺を止めようとする人が入ってきて、「自殺するなら俺が話を聞くよ」っていう場合もありますね。

唐澤　その人たちは、居場所を見つけることがゴールで、孤独を感じることもあるけどそこにいれば安心できる？

渋井　ゴールはないですね。そこにいることは安心だけれども、24時間張り付いていることはできないから不安は感じると思います。でも、とりあえずサイトにアクセスできれば、ちょっと安心できるんだと思います。

　だから自殺系サイト関連の事件が起きると、プロバイダが自殺系サイトを規制して凍結でしょ。そうすると居場所がなくなって不安になっちゃう。下手したら死んじゃう人もいるくらい。

唐澤　居場所をなくしたらまた別の居場所を探さなきゃならないですよね。ネットの居場所の見つけ方ってありますか？

渋井　ほぼ偶然見つけていると思いますよ。自分の状況に合うキーワードを入力して、それに引っかかったサイトがそのまま居場所になったりしますね。

　たとえば1999年くらいから2000年の前半くらいって、リストカットの自傷系のサイトが乱立した時期なんですよね。そのサイトにいじめられたから自傷しましたって人が集まってくると、いじめっていうキーワードが出てくるじゃないですか。そうするとそのサイトには自傷行為をしていないけど、いじめられた人も入ってくるんですよ。いじめが原因で自傷行為をした人がたくさんいると、その話題で盛り上がりますよね。

そのとき「私はいじめられたけど自傷していない」っていう人はどうすると思いますか？

唐澤　新たに、自傷行為はしてないけどいじめられた人が集まるページを作る？

渋井　いや、自分も自傷するんです。自傷すればこのコミュニティに入れると思うんですよ。

そうなっちゃうと、たとえ自傷するほどの気持ちがなくなったとしても、その居場所から抜けたくないがために自傷し続けるんですよ。ネットだから自傷行為をしてなくてもしているって言えばわからないのに、それじゃあ自分の気分が乗らないんですよ。

唐澤　居場所がここにしかないって思いつめてるんですね。

渋井　そのときに流行っているサイトに集まってきて、自分も同じような状態になりたいと思い同化していくわけですね。ただ、あまりにも人が集まりすぎると、今度は個別化したくなる。さきほどの例でいうといじめられて自傷する人のサイトとかにどんどん分断していくんですよ。その度に新しいコミュニティのカリスマが生まれるわけです。

唐澤　先導とまで言わなくても、何となくコミュニティの空気を作る人が現れるわけですね。それってネット炎上が大きくなるときと少し似ているんじゃないかな。僕自身が炎上したときには、やはり誰かが先導する空気があって、それに周りが煽られて炎上が盛り上がっていると感じました。

居場所を保つために競争が生まれることも

唐澤　仮にネットに自分の居場所が見つけられたとして、それに依存しすぎるとどうなっていくんですかね。

渋井　居場所に依存すること自体は悪くないと思うんですけど、僕は居場所っていうのは、居場所でない場所があることによって、初めて居場所になると思うんですよ。

極端な言い方をすると、24時間働けます的な状況にいるから、たまに羽を休められる場所がある。なので、ずっとその居場所に居続けてしまうと、今度はその居場所の平凡さ、変化のなさに耐えられなくなる。そうすると、今度は競争が始まるんです。

唐澤　居場所にいる仲間たちとの競争ですか？

渋井　はい。たとえばインターネットの中で自傷行為のコミュニティがあったとします。そこでは「いつから切ってるのか」、あるいは「どのカッターを使ってるのか」とか、「まだコンビニのカッターを使ってるの？　東急ハンズのカッターがいいよ」とか。同じ自傷行為でもそれ以外のなにかで争っちゃうんですよ。

本来コミュニティは癒しの場所としてお互いつながっていたのに、それ以外で争っていくんですね。

唐澤　初めは居場所の中に同化していたものが、次第に分離や階層化していく。居場所だったはずなのに、ずっといることによって、居場所を居場所として維持するための努力をしなければならなくなるんですね。

渋井　そう。ネットのホームページってより多くのアクセスが欲しいじゃないですか。だからアクセスを増やすためにリストカットの画像を送ったり、そのうち画像だけでは足りなくなると動画を送ったりするんですよ。

それは居場所を維持するためでもあるんですけど、「こんな状況の私をどうにかして欲しい」というSOSの意思も込められているんです。競争したい気持ちとSOS、2つの感情を含んでいるから複雑なんですよね。

唐澤 居場所を維持するために競争していくっていうプロセスは、炎上にも共通するものを感じます。僕は炎上事件の加害者に、炎上に参加したときの心理を聞いてみたことがあるんですよ。「今だったら同じことはしないけど、そのときはそこにいることに興奮してしまった」と言っていました。初めは居場所としてネットに救いを求めていたはずなのに、いつの間にかその場所にいること自体が目的化しちゃうんです。いわば居場所を保つために競争

し合って、その結果、炎上が過激化してしまうんですね。

渋井　ネットの炎上は2000年代に流行ったヤフーチャットの中の喧嘩部屋の心情にちょっと似てるなって思います。聴衆がたくさんいる中で口喧嘩してどっちが勝ったかを判定するというチャットがあったんですけど、どうすれば勝てるかはどんなメンバーがいるかで変わるんですよね。声が大きい人がついてるから勝てるとか、知識が多い人がついてるから勝てるとか。基本的には大声で相手をバカにして、相手が反論できなかったら勝ちみたいなルールの部屋です。

唐澤　喧嘩が目的っていうのはすごい。それって喧嘩の中でなされるコミュニケーションが面白くてやっているわけですよね。いわば当たり屋みたいなもので、わざわざ当たりに行って、向こうも文句つけてきたら揚げ足とるっていう。それって炎

上の構図と一緒ですよね。

渋井　一緒ですね。ただ喧嘩部屋はチャットのコミュニティだから、喧嘩している人同士が意外と仲良くしてて、たまに「こいつら実は仲良いぜ」みたいなのが暴かれちゃったりするわけですよ。喧嘩が目的でいるけれども、本当に喧嘩してるわけじゃないっていうのはネットの炎上とは違いますね。

身体的影響が
ネット依存の危険信号

唐澤　僕は喧嘩チャットも炎上も結局コミュニケーションを消費しているだけっていう点では似ていると思いますね。だんだん消費すること自体に依存してしまう。ネットに依存することで救いはあるんでしょうか？

渋井　依存はしている間は救いを感じるんじゃないかな。依存といってもライフライン的な依存と、病的依存っていうのは違うわけですよね。例えば水を飲むからといって決して水に依存しているとは言わないけど、あまりにも水を飲みすぎると依存になる。それと一緒で、ある程度の依存はライフラインとして必要だと思います。

問題は依存しすぎて居場所が平凡でつまらないものに見えた瞬間。そうすると精神的依存だけでなく身体的にも影響が及んでくると思います。

唐澤　依存先が平凡に見えたらちょっと危険信号だということですね。どこからが危険な依存になるのでしょうか？

渋井　やっぱり身体的な依存ですね。たとえばスマホをいじりすぎて友達との約束を忘れたり、会社の仕事を忘れたりとか、ネットが原因で実社会との関係でトラブルが起こるようになってくる。そうなってくると危険信号かなって思いますね。

依存をコントロールできるか否かの見極めが重要

唐澤　ネットに依存している人が脱却したいと思ったら、具体的にどうすればいいのでしょうか？

渋井　生活のリズムを自ら見直してネットをコントロールできるかっていうのがポイントだと思います。まずは1ヶ月間の生活のリズムを把握してください。それで、とりあえずここにネットは必要なかったよねっていう不要な利用を見つけて、最低限まで削っていく。それでコントロールできる状況であれば、おそらく病院などに行く必要はないと思います。自分自身をコントロールできる状態なのか、それを超えて病的な状態なのかという判断が必要になってきますね。

唐澤　ネットに依存しているのが、自らの子供だった場合はどうします？

渋井　まず親が子供の文化を理解すること。そもそもなんで子供がネットに依存してしまうのかって考えると、面白いからなんですよ。子供がネットのなにを面白がっているのかっていうことを理解するように努力してください。

よくネットは時間制限して使えっていうのを聞くんですけど、時間制限するにしても理由が必要なわけですよ。じゃないと子供が反発するだけです。子供の文化を理解した上で、宿題や外で遊ぶ時間の必要性を説明していくことが大切だと思います。

唐澤　誰でもネットを使うの当たり前になった今、なんらかで依存してしまうことは避けれないと思います。今後、私たちはインターネットとどのような付き合い方をすべきなのでしょうか？

渋井　昔からテレビ依存やゲーム依存など、なにかと依存っていう言葉が使われてき

ました。でも今の時代は、ライフラインとしてテレビが必要だし、ある程度エンタメとしてのゲームも必要なんですよ。ネット依存についても同じで、ネットはライフラインとしてもエンタメとしても必要不可欠なものになっています。だからネットに関わる時間はこれからもっと増えていくし、その意味での依存は強まっていくと思います。

問題は時間的依存ではなく、そこに精神的依存が入ってくるかどうかなんです。これからは常にネット依存を自分自身でコントロールできるか見極めながら、付き合っていく必要があると思います。

すべては被害者を出さないために

私が弁護士になった理由は、正しい力を手にしたいと思ったからです。そう思うようになったきっかけは弟の死でした。

高校生だった弟はいじめの被害にあっていました。やがてそれはエスカレートして、集団から暴力を受けたこともあったようです。人生を悲観した弟は自宅で自死しました。

時は流れ、今度は私が他人からの憎悪といじめの対象になりました。

インターネット上で誹謗中傷されるとそのことばかり考えてしまいますし、すべてを失った気になったこともありました。しかし、いま自分の周りにあるものを見つめなおすと、実はなにも失っていないことに気が付きます。

炎上による被害で、物質的に家や物を失ったことがありました。しかし、私は今生きています。周りには支えてくれる人がいますし、食事も満足にとれて、食後においしいコーヒーを飲むこともできます。

インターネット上の誹謗中傷が続いたとき、お酒がなければ眠れず、寝ても目がさめてしまい、激しい動悸が続いた時期がありました。

しかし、「当たり前のありがたさを見直す」ことで、すべての見方が変わってきました。誹謗中傷されても、自分は自分であり、前を向いて生きていくことが大事だと思えるようになったのです。自分は何もかも失ったと思い込まないことが大切なのでしょう。

人生には良いときもあれば悪いときもあります。感情をもった人間として生まれたということは、毀誉褒貶のある1話限りのドラマを経験するということでもあります。それが生きるということの醍醐味なんだと、今では思えるようになりました。

学校が終わると、弟のお墓に行き、墓前で泣き崩れていた自分がいました。しかし、それらもすべて受け止めなければならないと歳をとり気が付きました。生きるとは、受け止めること。それが私の人生のテーマなのかもしれません。そして、それを与えてくれたのは弟でした。

被害者を保護する体制を法的に整えたい

インターネットの被害を相談する窓口は、法務省の人権擁護局に存在しますが、気軽に、かつ継続的に相談できる窓口はありません。実効的に被害者の現状を変える体制を国家的に作っていく必要があるでしょう。

また誹謗中傷やプライバシー侵害された被害者自身が、自力で対応を求められる現状も問題があります。さらにプライバシーを侵害されても少額の損害賠償しか認められていません。日本の名誉毀損をはじめとした損害賠償額は低く、失った社会的評価を賠償するには到底足りません。その現状にも異議を唱えていきたいと思います。

さらに、流出した個人情報によって、インターネットで永遠にプライバシーが侵害され続ける可能性もあります。プライバシー侵害は刑事罰を課す必要があると考えます。

本書を読んだ読者の方にこの問題に興味をもってもらい、法改正および新法立法の機運が高まることを願うばかりです。

最後に、加害者を生まないために

インターネット上で加害行為をする人は、孤独な人が多いという印象を私は受けたことがあります。実際、私が会った加害者もインターネット以外に行き場のない孤独な人が多くいました。有名ブロガーがインターネットユーザーに殺された事件がありましたが、インターネットしか自分の居場所がないと思い込んでいる人がいるのが今の社会の現状です。孤独な人を実社会で受け入れる体制をつくれないものでしょうか。

人は誰かを貶めたり傷つけるために生まれたのではなく、自分の人生を謳歌するために生まれてきたはずです。このことは改めて考えて欲しいと思います。

私は10代の後半を無為に過ごしました。学校を中退して友達もおらず、ベッドで天井を見つづけた日々がありました。それでも、今は目の前で私と話してくれる友人がいます。

人生はいつだって思うようにはならないものです。そして流動的でもあります。

悪いことがあった後には、きっといいことがある。言い古された言葉でありますが、私はその言葉を信じています。インターネットで加害行為をしている人は、自分の人生を生きてほしいと強く願っています。

弁護士

唐澤貴洋（からさわ・たかひろ）

1978年生まれ。慶應義塾大学総合政策学部卒業、早稲田大学法科大学院修了。2011年7月4日、五反田にて、実父の唐澤洋氏が公認会計士唐澤洋事務所を開設するのと同時期に、恒心綜合法律事務所を設立する。その後、2018年10月に法律事務所Steadinessを設立し、2018年12月には『炎上弁護士』（日本実業出版社）を上梓し、現在に至る。インターネットなどITに関連する法律問題の対応件数は多数にのぼり、掲示板、SNS、ブログでの誹謗中傷やプライバシー侵害への対応を多く行っている。法律相談がある方は、法律事務所Steadinessのホームページ（https://steadiness-law.jp/inquiry/）まで。

構成	キンマサタカ（パンダ舎）
本文・カバーデザイン	アベキヒロカズ
カバーイラスト	師岡とおる
DTPオペレーション	細工場
編集	滝川昂、小室聡（株式会社カンゼン）

100万回の殺害予告を受けた弁護士が教える危機管理

そのツイート炎上します！

発行日　2019年5月30日　初版

著　者　唐澤 貴洋
発行人　坪井 義哉
発行所　株式会社カンゼン
〒101-0021
東京都千代田区外神田2-7-1 開花ビル
TEL 03（5295）7723
FAX 03（5295）7725
http://www.kanzen.jp/
郵便為替 00150-7-130339
印刷・製本　株式会社シナノ

ISBN 978-4-86255-513-7
Printed in Japan
定価はカバーに表示してあります。

ご意見、ご感想に関しましては、kanso@kanzen.jpまでEメールにてお寄せ下さい。お待ちしております。